HANS EBERSPÄCHER

RESSOURCE ICH

Hans Eberspächer

RESSOURCE ICH

Der ökonomische Umgang
mit Streß

Carl Hanser Verlag München Wien

Die Deutsche Bibliothek – CIP-Einheitsaufnahme

Eberspächer, Hans:
Ressource Ich : der ökonomische Umgang mit Streß /
Hans Eberspächer. – München ; Wien : Hanser, 1998
   ISBN 3-446-19408-8

Dieses Werk ist urheberrechtlich geschützt.
Alle Rechte, auch die der Übersetzung, des Nachdruckes und der Vervielfältigung
des Buches, oder Teilen daraus, vorbehalten. Kein Teil des Werkes darf ohne
schriftliche Genehmigung des Verlages in irgendeiner Form (Fotokopie, Mikrofilm
oder ein anderes Verfahren), auch nicht für Zwecke der Unterrichtsgestaltung,
reproduziert oder unter Verwendung elektronischer Systeme verarbeitet, verviel-
fältigt oder verbreitet werden.

© 1998 Carl Hanser Verlag München Wien
Internet: http://www.hanser.de
Umschlaggestaltung: MCP • Susanne Kraus GbR, Holzkirchen
Satz: design-typo-print GmbH, Ismaning
Druck und Bindung: Kösel GmbH & Co., Kempten
Printed in Germany

INHALT

I. **Ökonomie im Umgang mit Anforderungen** 1

   1. Ressource Ich – eine andere Ökonomie 3

   2. Der Mensch – ein bio-mental-soziales System 11

   3. Beanspruchung – von Unterforderung bis Streß 21

   4. Ökonomisch mit Streß umgehen – optimal handeln,
      wenn es darauf ankommt 49

II. **Sieben Module zum ökonomischen Umgang mit Streß** 59

   1. Das wichtigste Gespräch – mit sich selbst 61

   2. Vorstellungen regulieren – die Macht innerer Bilder 71

   3. Stärken und Schwächen – worauf man
      sich verlassen sollte 79

   4. Hier und jetzt – die Kultur des Augenblicks 93

   5. Entspannen – die Kunst loszulassen 101

   6. Handeln analysieren – Objektivität und Psychohygiene . . 115

   7. Ziele – was man anstrebt 121

III. **Daran läßt sich arbeiten** 129

   1. Motivaton – was uns veranlaßt 131

   2. Fitnesstraining – sich bewegen 143

   3. Regeneration – Schleusen und Gegenwelt 159

Der Autor 169

I

ÖKONOMIE
IM UMGANG MIT ANFORDERUNGEN

1 RESSOURCE ICH – EINE ANDERE ÖKONOMIE

Der Beruf fordert oft vollen Einsatz, Leistung wird verlangt! Häufig bleibt viel zu wenig Zeit für die Familie oder ein bißchen Sport. Bücherlesen oder Konzertbesuch werden zum Schaltjahrereignis. Mobile Kommunikationstechnik nimmt einen überall in die Verantwortung. Plötzlich wird einem das alles zuviel. Man sieht kein Land mehr, erlebt Streß, es beschleicht einen das Gefühl, daß man die Dinge immer weniger im Griff hat und irgendwann kollabieren die inneren Systeme, melden den mentalen, vielleicht sogar den biologischen GAU, der Punkt ist erreicht: Man kann und will nicht mehr; hat das Gefühl, trotz aller Bemühungen und mehr oder weniger geschickter Management- und Lebenstechniken kaum einer der vielen Anforderungen mehr gerecht werden zu können; denkt, es wird alles so problematisch, es muß ein Ende haben, lehnt sich zurück, schließt die Augen.

Der Traum vom Aussteigen

Und plötzlich leuchten vor dem inneren Auge in den lieblichsten Farbtönen diese wunderbaren Sehnsuchtsbilder vom Ausstieg aus der alltäglichen Tretmühle auf: Südsee, sanfte Brise, warmer Sand und weiche Wellen. Träge schaukelt die Hängematte zwischen schräg ins Meer ragenden Palmen; Streß ade. Niemand nervt mehr mit irgendwelchen Anforderungen, kein Chef, keine Kollegen, keine lästigen Verwandten, kein Finanzamt und nicht einmal mehr die Familie mit ihren Erwartungen, die man voll bester Absichten eigentlich immer erfüllen will, es aber doch nie so ganz schafft; statt dessen erlebt man einen ständigen Konflikt, hat oft ein mulmiges Gefühl, sogar ein schlechtes Gewissen.

Hier, im Phantasieland der schönen Sehnsüchte, hat man dagegen überhaupt keinen Druck mehr. Keine Umsatzkurven hängen drohend am Flip-Chart, kein Büro, keine Werkstatt und kein Time-System machen Termindruck. Unmotivierte Mitarbeiter oder nölende Kinder zu Hause mit Pubertätsproblemen muß man in diesem Schlaraffenland auch nicht ertragen. Nichts mehr, wogegen man standhalten müßte, alle Herausforderungen, die man sonst permanent annehmen muß, alle Bedrohungen scheinen mit einem Mal verschwunden. Ein Idealzustand, eine Traumwelt, ein Paradies.

Wirklich ein Paradies? Wie lange könnten Sie in der Hängematte schaukeln, ohne die geringste Anforderung zu spüren, ohne sich unendlich zu langweilen, ohne ein neues Problem zu bekommen, nämlich das Gefühl der Sinnlosigkeit, das sich einstellt wenn man überhaupt nicht mehr gefordert wird?

Daß solche Traumwelten ein Trugschluß bleiben, hat aber auch sein Gutes. Unser Leben wäre ohne Anforderungen auf Dauer einfach langweilig. Wenn wir uns nichts mehr erarbeiten müßten, wäre auch keine Weiterentwicklung möglich. Anforderungen, Beanspruchung bis zum Streß stets neu anzunehmen, immer wieder Ressourcen aktualisieren und entwickeln zu müssen, ist eine menschliche Entwicklungs- und Überlebensnotwendigkeit. Welche Menschen im hohen Alter sind wirklich faszinierend und klug, haben eine Ausstrahlung, der man sich nicht entziehen kann? Fast immer die, die – wie zum Beispiel viele bekannte Schauspieler, Politiker, Unternehmer, Wissenschaftler oder Philosophen – nicht aufhören, in irgendeiner Form zu arbeiten, die sich nach wie vor Anforderungen stellen, weil das für sie die Würze des Lebens ist.

Wieviel langweiliger dagegen die, deren höchstes Ziel es ist, möglichst früh nichts mehr zu tun. Sie fallen dann oft ins Nichts, haben nichts mehr zu tun und nichts mehr zu sagen. Auch in anderen Dimensionen kann man das nachvollziehen: Die größten Kulturen und Staaten der Geschichte sind bei aller Größe, Macht und Pracht nicht zuletzt genau dann untergegangen, als sie selbstzufrieden aufhörten, neue Anforderungen anzunehmen, als ihre Oberhäupter und Bürger glaubten, mit den Ressourcen der Vergangenheit die Probleme der Gegenwart lösen zu können. Eine Strategie übrigens, die stark an viele Bereiche unserer gesellschaftspolitischen Gegenwart erinnert.

Abteilung Traumwelten: Die Welt der Sehnsucht ist groß, die sinnbildliche Hängematte, mit der uns alle Last abgenommen wird, findet sich in vielen Angeboten. Versicherungen bieten ihrer Kundschaft perfekt geschnürte Rundum-sorglos-Pakete, um sie aller Sorgen zu entheben. Die Lottowerbung gaukelt vor, mit sechs Kreuzchen seien alle drückenden Geldprobleme vom Tisch. Die Firma mit der teuren Fitnessmaschine suggeriert Männern das mühelose Erreichen eines Waschbrettbauchs. Die Frauenzeitschrift veröffentlicht in jeder zweiten Ausgabe eine Wunderdiät, für Schlanksein, ohne zu hungern, die Traumfigur, ohne selber etwas dazu tun zu müssen.

1 Ressource Ich – eine andere Ökonomie

Diese Angebote haben eines gemeinsam: Man selbst muß gar nichts oder kaum etwas tun, sondern nur Produkte kaufen oder eine Dienstleistung in Anspruch nehmen. Das funktioniert ähnlich wie früher bei den Ablaßgeldern – denn auch Religionen und Mythen bieten ihren Gläubigen vollmundig die vielfältigsten Paradiesutopien oder -visionen. Da wird das Land verheißen, in dem Milch und Honig fließen. Eine Vision, die übrigens auch im Märchen vom Schlaraffenland auftaucht.

Viele wollen nur unser Bestes, nämlich unser Geld. Und versprechen dafür Entlastungen von allen Anforderungen, von jeglicher Verantwortung. Die Sorglos-Versicherung oder das Fitness-Wundergerät gibt es nicht umsonst. Den Eintritt ins Paradies der Religionen bezahlt man gar mit dem Leben. Werbung nährt mit ausgeklügelten Konzepten in allen Produktbereichen den Traum, man könne paradiesische Zustände, Schönheit, Reichtum oder Glück und Ansehen, käuflich erwerben. Sie gaukelt Lebenswelten ohne Anforderungen und ohne ökonomische Zwänge vor – und viele Menschen rennen dieser Traumwelt nach, oft unter ruinösem materiellem Aufwand. Dabei ist sie nicht mehr ist als ein gefährlicher Trugschluß.

Guter Rat ist teuer – und unverbindlich

Aber nicht nur, daß sie oft mit sehr viel Geld bezahlt werden müssen, ist das Problem vieler scheinbar hilfreicher Produkte der Ratgeber-Institutionen, Ratgeber-Bibliotheken oder des Ratgeber-Gewerbes. Sondern, daß wenn die Entscheidung ansteht, sie, bildlich gesprochen, einen Schritt zurücktreten und die Beratenen alleine lassen. Hier sind wir am Kern: Es ist unglaublich leicht, Ratschläge aller Art zu erteilen und ebenso leicht, sie anzuhören; meist erscheinen sie auch recht plausibel.

Diese Plausibilität steht nur zu oft im harten Kontrast zur Umsetzungsbereitschaft der Beratenen. Man wundert sich dann, daß trotz aller schönen Ratschläge nichts klappt, sich nichts zum Guten wendet. Und hat einfach übersehen, daß man als Beratener durch Ratschläge in eine Entscheidungssituation kommt, die etwas fordert: Man muß sich selbst zur Disposition stellen, Alternativen opfern, kann plötzlich sogar Mißerfolg haben. Und: Erst jetzt wird unmißverständlich klar, daß man nun, im Entscheiden auf sich gestellt, Verantwortung übernehmen und etwas tun muß. Entscheiden ist und bleibt eine Eigenleistung.

Ratschläge und Ratgeber, in immer vielfältigerer Form angeboten scheinen diese Verantwortung für Entscheidungen geradezu zu verdrängen. Die Pseudowelt der Ratschläge wird vielfach aufgeblasen. Wer in der tiefen Ehekrise steckt, holt Ratschläge bei Freunden und professionellen Beratern, um dann zu entscheiden: Scheidung, ja oder nein. Oder nein, lieber doch noch nicht entscheiden. Manager verschieben Entscheidungen gern, indem sie erst noch dieses und jenes beratende Meeting einberufen. Übergewichtige verdecken gelegentlich den Schrei ihres Körpers nach der Entscheidung, anders zu leben, anders zu essen, mit dem Kauf von gnädig kaschierenden Kleidern. Daß nicht Längsstreifen, sondern Sport und eine vernünftige Ernährung schlank machen, weiß eigentlich jeder. Überall dasselbe Prinzip: Eine Inflation von Ratschlägen Außenstehender, um drohende Entscheidungen immer wieder hinauszuschieben zu helfen. Ratschläge als Fluchthelfer vor Entscheidungen und eigenem Handeln.

Vergessen Sie den Weg aus dem Streß in die Flucht der trügerischen Traumwelten. Anforderungen und Beanspruchung bis zum Streß sind Teil jedes Lebens. Niemand kann sich entziehen. Die Frage kann nicht sein, ob wir mit oder ohne Anforderungen leben wollen, sondern: Welche Ressourcen sich erschließen, entwickeln und ökonomisch einsetzen lassen, um diese Anforderungen zweckmäßig bewältigen zu können, Anforderungen und Ressourcen so zueinander in Beziehung zu setzen , daß sie nicht zur Last im Leben, sondern zur treibenden Kraft für persönliche Weiterentwicklung geraten.

Ressource Ich

Meine grundsätzliche Überzeugung: Unsere wichtigste Ressource sind wir selbst. Ressource Ich. Erst systematische und konsequente Arbeit an uns selbst macht uns fit für Anforderungen, fit fürs Leben. Es gilt die Ressource Ich so ökonomisch zu erschließen und zu nutzen, daß wir – auch unter höchster Beanspruchung und Streß – genau dann optimal handlungsfähig sind, wenn es darauf ankommt.

Ressourcen sind endlich. Man hat eigentlich nie genug davon. Beim **Geld** ist das evident und bei unserer **Natur** erleben wir diese Endlichkeit seit gut 20 Jahren immer intensiver. Je dringender die Einsicht in die Endlichkeit von Ressourcen auf den Nägeln brennt, desto intensiver fängt man an, wirklich sinnvoll, weitblickend, sparsam und ver-

1 Ressource Ich – eine andere Ökonomie

antwortlich, kurz: ökonomisch damit umzugehen. Wenn schlechte Nachrichten oder warnende Studien das mögliche Ende von Ressourcen signalisieren, geraten viele in Panik – Stichwort Ozonloch. Das gilt für Probleme der **Umwelt**, bei denen wir schmerzhaft erkennen, daß Energieressourcen von Jahrmillionen vielleicht gerade noch 100 Jahre reichen werden. Das gilt auch für die Ressource **Zeit**: Die meisten gehen damit erst dann ökonomisch um, wenn sie erkennen, daß jede Sekunde ihres Lebens unwiederbringlich, nicht nachzuholen ist. Im privaten wie im beruflichen Leben, unter dem Dikat von Terminen, Timern und Jahresabschlüssen, spüren viele oft auf beklemmende Weise, daß ihr Zeitbudget radikal und mit Bestimmtheit endlich ist. Um dies auch noch dem letzten Workaholic begreiflich zu machen, wird gern die absurdeste Reduktion über die Ressource Zeit als Managerweisheit und -geheimnis verkauft: Time is money.

Geld, Natur, Umwelt und Zeit sind also in unserem Gesellschaftssystem die Felder, in denen wir über Ökonomie im Umgang mit Ressourcen am intensivsten nachdenken. Wohl deshalb, weil wir täglich damit umzugehen haben, weil sie unseren Alltag am augenscheinlichsten bestimmen. „Es ging ja nicht ums Geld; aber es war trotzdem interessant", kommentierte eine Apothekerin einen meiner Vorträge zur Ökonomie im Umgang mit psychischer Beanspruchung.

Höchst erstaunlich ist in der Tat, daß sich die meisten im Umgang mit *der* Ressource, die sie mit größter Permanenz – 24 Stunden am Tag, ein ganzes Leben lang von Geburt bis zum Tod – betrifft, nämlich im Umgang mit ihrer eigenen Person, der Ressource Ich, so unökonomisch verhalten, als ob sie noch einige davon in Reserve hätten. Aus dieser Einstellung der Unachtsamkeit gegenüber sich selbst werden viele meist erst durch **kritische Lebensereignisse** wie Unfälle, Krankheiten oder Tod Nahestehender gerissen. Schlagartig erleben und erkennen dann viele mit einer Mischung aus Beklemmung und Eifer, daß sie selbst ihre wertvollste Ressource sind. Nun werden die Koordinaten der Werthierarchie ganz schnell, geradezu eifrig verschoben, jetzt plötzlich würde man alles dafür geben, wieder gesund zu werden oder einen geliebten Menschen zurückzubekommen. Man fängt an, die Tage aufmerksamer zu gestalten, das Essen bedachter zu wählen, sich ohne schlechtes Gewissen auch außerhalb des Urlaubs zu erholen, den Augenblick eines wunderschönen Sonnenuntergangs in aller Intensität zu genießen oder mit Ärger und Streß ökonomischer umzugehen.

Nach einem Herzinfarkt und der Entlassung aus der Nachsorge-Klinik ändern die meisten ihr Denken. Über vieles beispielsweise, was sie früher sofort rasend gemacht hat, können sie sich gar nicht mehr aufregen, allenfalls noch lächeln.

Eigentümlicherweise hält bei vielen dieser Einstellungswandel meist nur so lange vor, bis vermeintlich wieder alles im Lot ist, die Krise überwunden scheint, sie der Alltagstrott wieder einholt. Und wieder wird mit der **Ressource Ich** mit sträflicher Unachtsamkeit umgegangen.

Selbstmanagement

Es gilt Überlegungen anzustellen und Zusammenhänge zu durchdenken, wie man mit sich selbst effektiver und ökonomischer umgehen könnte. Im Prinzip geht es hier um das Management der eigenen Person: **Selbstmanagement.** Besonders deutlich wird einem diese Notwendigkeit, wenn man harte Anforderungen bewältigen muß, gar wenn man in Druck, in Streß gerät.

Jeder kennt die Begriffe Management und Manager. Ein **Management** und **Manager** werden für nicht mehr und nicht weniger als für die zielbezogene Steuerung komplexer sozialer und technischer Systeme bezahlt. Um diese zielbezogene Systemsteuerung zu erreichen, muß jeder, der solche Verantwortung trägt, **Ressourcen,** verstanden als Mittel für eine optimale Mittel-Zweck-Relation, nach den Vorgaben der **Ökonomie** organisieren. So läßt es sich auf den Punkt bringen, womit sich Unternehmer, Entscheidungsträger und Führungskräfte in Unternehmen beschäftigen. Je komplexer das zu steuernde System, desto höher die Position und der Status in einer System-, Organisations- beziehungsweise Unternehmenshierarchie.

Die Ressourcen, um die im Management Denken und Handeln kreisen, sind Geld und Zeit, Waren und andere Menschen – Human Ressources. Geschult und trainiert, sind Manager professionell in erster Linie externe Systeme – Unternehmen, Organisationen, Warenkreisläufe u.v.a. – zu steuern. Bezüglich ihrer eigenen Person läßt diese Professionalität dann nicht selten, gerade unter Beanspruchung und Streß, stark zu wünschen übrig. Selbstmanagement haben sie in ihrer Ausbildung nicht gelernt und trainiert. Die eigene Person, die Ressource Ich tritt spätestens nach dem alarmierenden Befund eines Gesundheits-

1 Ressource Ich – eine andere Ökonomie

Checks in den Blick. Diesen Horizont gilt es zu erweitern. Auch die eigene Person ist nicht nur naiv und intuitiv, sondern systematisch zu managen: Selbstmanagement als Programm für die Ressource Ich.

Selbstmanagement, das ist mehr als ein paar Termineintragungen in der Agenda des schönen Timers aus wohlriechendem schwarzem Vollrindleder. Es ist eine nicht delegierbare Eigenleistung, unter Beanspruchung optimal handeln zu können, und zwar dann, wenn es nicht nur die Aufgabe erfordert sondern auch der **Zeitpunkt**.

Optimale Synchronisation

Es gibt nicht wenige, die in der Arztpraxis oder der Apotheke mit der lapidaren Feststellung „Ich kann nicht schlafen" oder ähnlichem auftauchen. Nachgefragt wird dann in der Regel nach einem Mittel, um diesem Übel abzuhelfen. Im Grunde ist diese Aussage falsch. Denn schlafen kann Jeder. Die Frage, um die es in diesem Zusammenhang tatsächlich geht, ist lediglich der Zeitpunkt! Bei langweiligen Vorträgen, Fernsehsendungen kein Problem. Aber viele schaffen es gerade dann nicht, wenn es angesagt ist, nämlich abends im Bett.

Voraussetzung für solches Timing ist, daß unsere drei wichtigsten Systeme synchronisiert sind:

1. Unser **biotisches System**, der Körper, seine Organe und Funktionen,

2. unser **mentales System**, unsere Wahrnehmungen, Denken, Gefühle, Motivation, Erwartungen und Einstellungen.

3. unser **soziales System**, unser unmittelbares und mittelbares Personen- und Sachumfeld.

Möglichst perfekte **Synchronisation** wäre Ziel des gelungenen Selbstmanagements. Diese drei Systeme sollen sich nicht gegenseitig stören, sondern stützen. Jeder kennt die Synchronisation von Motor und Getriebe beim Auto. Wenn sie funktioniert, gehen die Gänge rein wie Butter, wenn nicht, kracht´s im Getriebe.

Wenn diese Synchronisation im Verhalten optimal gelingt, sprechen übrigens manche Psychologen vom **Flow-Erlebnis**. Personen sind dann ausschließlich ihrer selbst, jedoch nicht ihrer Handlung bewußt, vergessen sie sogar. Sie zentrieren ihre Aufmerksamkeit auf ein beschränktes Wahrnehmungsfeld, haben sich und ihre Umwelt scheinbar mühelos unter Kontrolle, streben dabei offensichtlich keine Ziele und Belohnungen als Konsequenz außerhalb ihrer Tätigkeit an. – Perfekte Konzentration.

Selbstmanagement kann diese Synchronisation leisten und damit Optionen öffnen, die wichtigste Ressource gerade unter Beanspruchung und Streß zu erschließen, die **Ressource Ich**.

Fachleute können einem dabei natürlich hilfreich sein, unterstützen und Zusammenhänge schildern, auch bewußter machen. Sein Zentrum aber ist jeder selbst, die Umsetzung ist der eigentliche schöpferische Akt. Der japanische Schwertmeister Iti Tenzaa Chuya sagte:

„Der Sinn jeder Lehre ist nur: auf das, was jeder in sich selbst hat, ohne es schon zu wissen, hinzudeuten und es bewußt zu machen. Es gibt kein Geheimnis, das der Meister dem Schüler übergeben könnte. Zu lehren ist leicht. Zu hören ist leicht. Schwer ist aber, dessen bewußt zu werden, was man in sich selbst hat, es zu finden und wirklich in Besitz zu nehmen.“

Manche Zweifler wundern sich an diesem Punkt vielleicht noch immer und meinen, sie seien ja nun schon alt genug, um längst zu wissen, was sie in sich selbst hätten, da könne doch nichts mehr kommen. Aber kennen Sie nicht auch von sich selbst die Sache mit den eingefahrenen Pfaden? Daß man beispielsweise schon ewig lange in einer Stadt wohnt und deshalb ihre Sehenswürdigkeiten und die umliegende Gegend zu kennen glaubt, und dann kommt dieser Besuch aus Ganzweither, und mit ihm zusammen entdeckt man plötzlich staunend Museen, Plätze und Landschaften, an denen man über Jahre achtlos vorübergegangen ist, die man eigentlich nie gesehen hat. Genauso wird man in seinen inneren Landschaften, die man so gut zu kennen glaubt, ganz neue Standpunkte entdecken und damit ganz neue Ausblicke und Einblicke.

2 Der Mensch – ein bio-mental-soziales System

Die wirksamste Eingriffsstelle für optimales Selbstmanagement ist das Mentale. Um dessen Möglichkeiten und Wirkungen systematisch und optimal nutzen zu können, muß man mehr darüber wissen. Sogar im Sport, wo **mentale Prozesse** als erstes Eingang in Beschreibung und Analyse von Erfolg und Mißerfolg fanden, ist ihre Zuordnung zu unseren anderen Systemen, dem **biologischen** und dem **sozialen**, den meisten nicht ganz klar. Dieses Nichtverständnis des mentalen Bereichs drückt sich nach meiner Erfahrung häufig in der Frage nach der Quantität des mentalen Einflusses aus: „Wieviel Prozent einer sportlichen Leistung macht eigentlich das Mentale aus?" Solche Prozent-Aufteilungen resultieren aus der irrigen Annahme, man könne unsere verschiedenen Systeme wie einzelne Kuchenstücke gesondert betrachten. Noch technokratischer, mit einer Feststellung, die ich oft höre, versuchen übrigens meist Techniker dem Mentalen auf die Spur zu kommen: „Wir Techniker sind für die Hardware zuständig, die Psychologen liefern die Software dazu."

Beides, sowohl die Frage nach dem Anteil des Mentalen als auch die Feststellung über seinen Stellenwert führen, wenn nicht in die Irre, so doch zumindest auf den falschen Weg. Meine konkreten Antworten lauten übrigens: „Das Mentale kann beim Gelingen oder Mißlingen einer Handlung hundert Prozent ausmachen." Und zum Hard- und Softwarevergleich ist zu sagen: „Was ist Hardware ohne Software – und umgekehrt?" Es geht also nicht um Aufteilungen für eine separierte, sondern um eine systemische, ganzheitliche Betrachtungsweise.

Wenn der Begriff von der Ganzheit, der ja aus der Psychologie kommt und mittlerweile auch in die Medizin Eingang gefunden hat, Sinn macht, dann sicher hier: Alles ist mit allem vernetzt. Der Mensch ist ein ganzheitliches **bio-mental-soziales System**. Mentale Prozesse sind nicht irgendeine Zutat oder ein Anhängsel dessen, was wir tun, ist kein Sahnehäubchen auf einem fertigen Kuchen. Jede Handlung ist auch mental bestimmt, hat ihre mentale Seite. Sie ist sonst nicht zu realisieren, zu erklären oder gar zu verstehen.

Mentale Prozesse als Vermittler

Sogar das Allereinfachste kann mißlingen, wenn das Mentale nicht stützt, sondern stört. Da hilft keine intellektuelle Mind-Tuning-Methode und keine noch so hohe Intelligenz: Der Weg zum Selbstmanagement, die optimale Nutzung der Ressource Ich zur Bewältigung von Beanspruchung bis zum Streß, führt über die Regulation mentaler Prozesse, Umwege gibt es nicht.

Jeder kennt die hölzernen und förmlichen Aussagen auf Anrufbeantwortern. Viele sprechen dann plötzlich so wie sonst nie, obwohl doch jeder zwei Sätze ganz normal sprechen kann. Stehen kann auch jeder – eigentlich ja, wir werden sehen.

Stellen Sie sich bitte auf einen Stuhl (kein Drehstuhl!). Das einfachste der Welt, oder? Sie stehen sicher und fest. Nun stellen Sie sich vor, Ihr Stuhl stünde auf einem 20 Meter hohen Mast und Sie ganz oben drauf – stehen würde man ja schon nicht mehr sagen, sofort käme einem das Wort balancieren in den Sinn, Überlebensk(r)ampf in 20 Metern Höhe. Obwohl die Bedingungen der Handlung selbst biologisch und physikalisch haargenau dieselben geblieben sind.

Übliche Erklärungen sind Aussagen wie: „Tiefe zieht einen nach unten" oder: „Da oben fehlt ein Fixationspunkt, an dem man sich optisch festhalten kann." Aber sie greifen zu kurz. Physikalische Gründe dafür, daß Tiefe zieht, gibt es einfach nicht, und den optischen Fixationspunkt kann man oben am Mast auch über irgendeine mechanische Konstruktion schaffen, das Problem aber würde weiter bestehen: Sie wären vor lauter Angst zu nichts in der Lage. Auch Ihre erlernten Handlungsmuster und Fertigkeiten, die Sie seit Jahrzehnten ausüben, versagt ihren Dienst. Sie scheiterten und erlebten sich sogar in Lebensgefahr.

Bewegen wir uns aber nicht täglich unbewußt oder zwangsweise in vergleichbaren Situationen? Wir wundern uns, warum uns das Einfachste der Welt nicht selten mißlingt, wenn's drauf ankommt, obwohl wir's x-mal gezeigt haben und sicher beherrschen – sicher? Zum Beispiel freundlich in eine Kamera zu lächeln, um später ein nettes Foto zu bekommen. Oder einfach ganz locker auf eine Videokamera zuzugehen, bringt Leute aus einem Gehrhythmus, den sie tausendmal geübt haben. Nicht selten grausig anzusehen. „Sei einfach locker, so wie vorher", lautet die Standardanweisung des Hobbyfilmers, „tu einfach so,

als ob die Kamera nicht da wäre." Einfach so … wie bei dem Statement, das am Schreibtisch in Ansagerqualität gelingt, vor der Geschäftsleitung aber zum Desaster gerät. Einfach so … .

Eine Sichtweise dieses Problems, das eine neue für unser Selbsmanage-
ment weiterführende Perspektive erschließt: „Es sind nicht die Dinge,
die unser Handeln steuern, sondern unsere Ansichten von ihnen"
(Epiktet, 50-138 n. Chr.).

Tatsächlich machen die Beispiele deutlich, welch dramatische Landschaften durch Ansichten im Kopf entstehen können, genauer, wenn
man über eine Sache oder Situation **Informationen** aufnimmt und sie
verarbeitet. Bei den Vorgängen, die damit eng verknüpft sind, spricht
man von mentalen Vorgängen. Von ganz grundlegender Bedeutung für
unser Tun und Lassen sind dabei die **Wahrnehmung**, die **Bewertung**
und die Abschätzung der **Konsequenzen** von Situationen, in denen wir
etwas tun.

Über Schwindelfreiheit

Bewertungen lösen letztlich Gefühle und Körperreaktionen aus, sie bestimmen die psychische Beanspruchung. Beim Beispiel mit dem Stuhl
geht es schlicht und einfach darum, daß man ab einer bestimmten
Höhe – nämlich dann, wenn man glaubt, nicht mehr ohne Schaden zu
nehmen abspringen zu können, also vielleicht bereits ab zwei Metern
Höhe – sich nicht mehr von der Bewertung, von dem Gedanken an die
Folgen eines Absturzes lösen kann. Dieser Gedanke an die **Konsequen-**
zen des Handelns bei Beanspruchungen irritiert die meisten so sehr,
daß sie nicht einmal mehr zum Stehen in der Lage sind, einer der ele-
mentarsten Handlungen, die man als Baby noch vor dem Laufen beherrscht hat. Schwindelfreiheit wäre, so verstanden, Freiheit vom ständigen Konsequenzen-Denken in luftiger Höhe, also eine mentale Angelegenheit. Fragen Sie einen Kaminfeger, einen Dachdecker, einen Berg-
steiger oder einen Monteur für elektrische Überlandleitungen.

Eigentlich ein persönlicher Offenbarungseid. Gehen, Lesen, Schreiben,
Rechnen hat man gelernt, zwischenmenschliches Handeln verfeinert,
man hat viel über Ethik erfahren, einen Schulabschluß, eine Berufsaus-
bildung, womöglich ein Studium absolviert, steht voller Verantwortung im Berufsleben und muß nun erkennen, daß man schon bei den
einfachsten Handlungen unter Umständen kläglich versagen kann.

Vielleicht liegt die Schwierigkeit gerade darin, daß man in die Bewältigung einer Situation zuviel an Bewertungen und Konsequenzen förmlich hineindenkt und sich dadurch nicht selten blockiert. Der Bushido,
so etwas wie der Verhaltenskodex für Samurai, fordert, ein Samurai
solle, wenn er in die Schlacht zieht, Leere der Gedanken erleben. Er
soll weder an Tod noch Leben denken, weil er sonst Schwert und
Bogen nicht bedingungslos führt. Dies zu leisten, setzt lebenslanges,
konsequentes tägliches Üben auf einer stimmigen weltanschaulichen
Grundlage, hier dem Buddhismus, voraus. Aber das ist schon der
Schlüssel: Das Antizipieren möglicher Handlungskonsequenzen und
das ständige Bewerten verändern Handlungen. Im Falle antizipierter
positiver, angenehmer, erfreulicher Handlungskonsequenzen überkom-
men einen Gefühle der Freude oder der angenehmen Erwartung. Das
Antizipieren möglicher schädlicher Handlungskonsequenzen löst dagegen psychische Beanspruchung bis zum Streß aus, das Handeln wird
unter Umständen zögerlich, uneffektiv, ist stark von Angst geprägt
oder kippt gar in heillose Hektik.

Man sieht also: Der oben angesprochene Offenbarungseid ist gar keiner. Wir befinden uns nicht in einer Sackgasse, sondern eher auf seit
Jahrzehnten ausgetretenen mentalen Trampelpfaden. Aber es gibt
Möglichkeiten, mit dem Mentalen umzugehen und es als Hilfe einzu-
binden, mit ermutigenden, manches Mal auch verblüffenden Ergebnissen. Wissen über den optimalen Umgang mit mentalen Prozessen kann
auch aus dem Streßdilemma herausführen. Ein Ausflug in die Welt der
Psychologie, die Zusammenhänge zwischen Mensch und Umwelt, zwischen Denken und Handeln, machen das vielleicht noch klarer.

Die Welt als mentale Konstruktion

Der Mensch, verstanden als ein bio-mental-soziales System, gestaltet –
natürlich in den Grenzen der Biologie und Physik – sich selbst und seine Umwelt. Er nimmt wahr, bewertet und handelt entsprechend. Er
macht sich ein Bild von seiner Welt, konstruiert sie gewissermaßen im
Kopf und handelt in Bezug zu diesem Bild.

Nur so läßt sich verstehen, warum manche ein Rockkonzert gut, andere es abscheulich finden. Warum Mallorca für die einen eine furchtba-
re Touri-Insel ist, die anderen sie wunderbar und sehr individuell finden – beide stellen im Gespräch staunend fest, daß sie sich sogar dies-

selben Orte angesehen haben. Was dem einen sein Uhl, ist dem anderen sein Nachtigall, über Geschmack läßt sich nicht streiten, jedem das Seine. Der Schriftsteller Christopher Fry soll einmal gesagt haben: „Was jenem verrückt erscheint, der nur zuschaut, ist Weisheit für mich, der es erlebt." Dieses Prinzip durchzieht *deshalb* jedes Menschenleben, weil Wahrnehmung und Bewertung des Wahrgenommen und die Abschätzung von Konsequenzen eine eigene, subjektive Schöpfung sind. Eine subjektive Schöpfung auf der Grundlage von Erfahrungen und Erwartungen, von Bedürfnissen und Interessen, von Erlerntem und Erhofftem.

„Sei doch vernünftig!" so lautet der Eröffnungssatz in Auseinandersetzungen zwischen Eltern und Kindern oder Ehepartnern, wenn die subjektive Schöpfung des einen sich als resistent gegen die Logik des anderen erweist. Logik verstanden als der Anspruch des anderen, seine subjektive Sicht sei *die* Sicht.

Der einen Belustigung ist der anderen Belästigung. Alle und alles sieht man nur aus seiner eigenen Perspektive. Seine Freunde, sich selbst und sein Auto. Fährt man beispielsweise ein älteres Auto, erscheint einem die Parklücke groß genug, sitzt man beim Einparken in genau denselben Parkplatz in einem nagelneuen, vielleicht sogar von Fremden geliehenen Auto mit genau denselben Ausmaßen, wirkt die Parklücke plötzlich viel kleiner. Und es geht bis zum Grundsätzlichen, ob ich mein Leben mit negativen oder mit optimistischen, positiven Ansichten lebe: Das zu 50 Prozent gefüllte Glas kann man als halbvoll oder als halbleer wahrnehmen. Dasselbe Glas, zwei verschiedene Ansichten. Richtig sind beide, falsch ist keine. Es geht hier nicht darum, von negativeren oder positiveren An-Sichten der Dinge, gar von falsch oder richtig zu reden, es gilt vielmehr zu erkennen, was man sich selbst antun und für sich tun kann, wenn man mit einem entsprechenden inneren Bild, vielleicht auch einer entsprechenden inneren mentalen Landschaft an sich und seine Welt herangeht.

Die Sache mit dem Geschenk und dem Speichel

Das Mentale ist der Vermittler zwischen uns und der Welt. Unser biotisches System, das heißt unser Körper und seine Lebensvorgänge, beeinflußt die Dinge und Menschen um uns herum, das Umweltsystem und wir handeln stets vermittelt durch mentale Prozesse. Das sind etwa Wahrnehmungen, Bewertungen, Gefühle und Motivation, Erwartungen oder Ziele. So verstanden werden zum Beispiel Gefühle prinzipiell regulierbar. Sie sind nicht gottgegeben, sondern über Wahrnehmen und Bewerten, also über mentale Prozesse, vermittelt, und damit von uns selbst veränderbar!

Wie Mentales vermittelt und reguliert, zeigt ein einfaches Alltagsbeispiel: Das Annehmen und Auspacken eines Geschenks, etwa in der Größe eines Schuhkartons. Man ahnt den möglichen Inhalt zwar nur vage, hat aber schon eine Erwartung aufgebaut, malt sich aus, was es sein könnte, schätzt den Inhalt ab. Möglicherweise etwas, was man sich schon lange gewünscht hat, vielleicht aber auch etwas ganz anderes. Mit diesem inneren Bild nimmt man das Präsent in die Hand, wiegt es, schüttelt es vorsichtig (neben dem rechten Ohr!). Dann beginnt man auszupacken, um schließlich zum Inhalt vorzudringen, den man dann unwillkürlich mit der Erwartung vergleicht. Das Ergebnis des Vergleichs ist eine mehr oder weniger offene oder verdeckte Emotion: himmelhoch jauchzend, wenn der Inhalt die Erwartungen bei weitem übertrifft, sachlich kommentierend – „Sehr schön, ist ja wirklich praktisch, kann ich gut gebrauchen" –, wenn das Geschenk den Erwartungen weniger entspricht. Der weitere Umgang mit dem Inhalt des Geschenkkartons wird dann durch diese Wahrnehmung bestimmt. Es wird ans Herz gedrückt oder nach mehr oder weniger kurzer Höflichkeitspause weggelegt.

Wie die Sicht der Dinge unser Handeln und Fühlen steuert, zeigt Ihnen auch ein Versuch, den sie ohne Aufwand durchführen können. Hilfsmittel: eine Kaffeetasse.

Durchschnittlich eineinhalb Liter Speichel schluckt der Mensch täglich. Ein ganz normaler Vorgang, unbewußt, wir nehmen ihn kaum zur Kenntnis, und Probleme bereitet uns die Anforderung, den Speichel schlucken zu müssen, auch nicht; von Anforderung mag man hier ja wirklich nicht reden. Und nun holen Sie sich bitte eine Kaffeetasse, und während Sie weiterlesen, spucken Sie das, was Sie normalerweise schlucken würden, hinein. Es wird ungefähr eine bis zwei Stunden dauern, bis die Tasse voll ist. Nun trinken Sie die Tasse aus. Eklig, nicht wahr? Schon der Gedanke an dieses kleine Experiment läßt Sie schaudern und davor zurückschrecken, es auszuführen. Aber warum eigentlich? An der Anforderung selbst kann es ja nicht liegen, unser eigener Speichel ist nicht giftig; Speichelschlucken ist kein Problem, wir tun es unser Leben lang. Man stelle sich vor: über 500 Liter pro Jahr.

Bei aller Begeisterung für die Wirkungen und Auswirkungen des Mentalen bleibt aber eines klar: Wir handeln natürlich immer im Rahmen, in der Zange, wenn Sie so wollen, in den Grenzen unserer Biologie, das heißt unseres Körpers und seiner Funktionen, etwa unserer Muskelkraft, unserer Ausdauer, sowie der Umgebung, der Umwelt, das heißt der Menschen und Dinge, mit denen wir zu tun haben. Auch wer mental noch so gut reguliert ist, kann halt nicht fliegen – zumindest nicht von unten nach oben.

Handeln als Jemand in Bezug zu etwas

Das Mentale mit seiner Vermittlungsfunktion hat nicht nur Einfluß auf unseren Umgang mit Dingen (Geschenkbeispiel) und Extremsituationen (Stuhlbeispiel), sondern auch auf den Umgang mit uns selbst und unseren Ressourcen (Anrufbeantworterbeispiel). Will etwa im Urlaub jemand mit Ihnen Schach, Tennis oder Golf spielen, machen Sie sich im Kopf sofort ein Bild von der Spielstärke Ihres Gegenübers, vergleichen es mit dem Bild von sich selbst in der Spielsituation und handeln dementsprechend. Sie sagen im Falle Tennis zu der gut durchtrainiert aussehenden Dame vielleicht: „Lust hätte ich schon, aber ich bin wohl kein so passender Spielpartner für Sie." Geht es um ein Spiel, bei dem Sie sich nach gedanklicher Abschätzung überlegen fühlen und befürchten, sich nur zu langweilen, reagieren Sie vielleicht anders.

Wir handeln also nicht einfach so, sondern immer als Jemand in Bezug zu etwas: „Als Privatmann kenne ich Dich ganz genau, als Richter habe ich keine Ahnung wer Sie sind", sagt der beamtete Richter zu seinem Tennispartner, dem er vor den Schranken des Gerichts wieder begegnet.

Und genau durch solche subjektiven Konstruktionen unserer eigenen Person werden nur zu oft anstehende Handlungen teilweise oder ganz verändert, verschoben oder gar verhindert. In unseren Urlaubs-Beispielen fällt nur ein Tennis- oder Schachspiel aus. Die Folgen können aber viel weiter reichen. In einer modernen Gesellschaft leben zum Beispiel auffälligerweise trotz aller guten Bildung und Aufklärung, trotz vielfältigster Kommunikationsmöglichkeiten und großer Liberalität immer mehr Menschen allein, nicht selten einsam. Wie viele Menschen könnten glücklich mit einem Partner leben, weichen aber immer, wenn sich von der Situation her die Gelegenheit ergäbe, einen passenden Menschen kennenzulernen, der Handlung aus, weil vielleicht vorher in ihrem Kopf das Bild entsteht: „Ach, das wird doch wieder nichts" oder: „Die will doch sicher einen ganz anderen Männertyp." Nutznießer solcher Denkweisen: eine mittlerweile riesige Single-Industrie, die etwa Single-Freizeiten anbietet, Single-Psycho-Hilfe propagiert und Singles im Nahrungsbereich das, was eine Familie noch günstig kaufen kann, in kleinen, sündhaft teuren Portiönchen verkauft.

Das Mentale durchdringt und bestimmt die Welt der Wahrnehmungen, Bewertungen, des Denkens, Erinnerns und Vorstellens, den Umgang mit der Welt, in der wir leben. Aber wir müssen dem im negativen Fall nicht hilflos ausgeliefert sein, nicht einmal auf dem Stuhl, der hoch oben auf dem Mast steht. Man kann das bis zur Zirkusreife trainieren – nicht wenige verdienen ihr Geld damit!

Beim Ändern von Handlungen, vielleicht weil sie hinderlich sind oder weil sie Leistungen unmäßig blockieren, muß dieser Zusammenhang einbezogen werden. Viele Ratgeber-Systeme setzen erst beim Handeln an – viel zu spät, Chance vertan, es wird nicht funktionieren. Wir können unser Schicksal in die Hand nehmen, wie es oft so pathetisch heißt, indem wir uns unserer mentalen Seite bewußt werden, an und mit ihr arbeiten: Jeder kann vieles von dem selbst bestimmen, wie Umwelt wahrgenommen, beobachtet und bewertet wird, und beeinflußt damit sich selbst und sein eigenes Handeln.

Die Grenzen des Mentalen

Die Betonung liegt dabei zwar auf dem *eigenen* Handeln. Aber die Arbeit am Mentalen macht einen in keiner Weise zum intoleranten Egomanen, ganz im Gegenteil: Sie öffnet auch Verständnis und Empathie für andere. Sicher sind Sie im Urlaub schon einmal durch eine traumhaft schöne Landschaft gefahren, haben genossen, wie Ihr Wagen etwa in den Hügeln der Toskana einer Sänfte gleich von Kurve zu Kurve glitt, wie diese uralte Kulturlandschaft aus aufragenden Zypressen, Naturstein-Bauernhöfen und farbenprächtigen Feldern Sie nach jeder Biegung mit neuen optischen Inszenierungen erfreute.

Plötzlich wurden Sie rasant von einem anderen, laut hupenden Auto überholt. Ein Rüpel, ein Verkehrsrowdy? Das wäre *eine* Bewertung

2 Der Mensch – ein bio-mental-soziales System 19

der Situation. Es könnte aber auch sein, daß der Fahrer, vielleicht ein Arzt im Notfalleinsatz, so schnell wie nur möglich fahren mußte. Wenn er dabei die Schönheit der Landschaft in keinster Weise beachtete und nur ein möglichst schnelles und dennoch sicheres Fahren im Kopf hatte, handelte er für *seine* Situation richtig. Denn er hatte sich für die momentane Anforderung, bei deren Bewältigung jede Sekunde zählt – etwa einem Schwerverletzten zu helfen – optimal eingebracht, hat sich durch keine störenden anderen Vorstellungen bremsen oder gar blockieren lassen.

Die mentalen Prozesse, seien sie noch so gut gesteuert, haben natürlich, um es zu wiederholen, ihre Grenzen. Die Grenzen der äußeren Bedingungen und biologische, soziale und physikalische Vorgaben. Die unterschiedlichen Faktoren, Strukuren und Prozesse des bio-mental-sozialen Systems Mensch, die es regulieren und aufrechterhalten, sind eng und untrennbar verwoben. Innerhalb der Grenzen aber kann die Kraft des Mentalen zum optimalen Ergebnis führen.

Wie das Mentale zwischen biologischen Einflüssen und Umgebungsfaktoren vermittelt, kann abschließend das Beispiel eines Triathleten zeigen.

3,8 Kilometer in den rauhen Wellen des Meeres schwimmen, danach 180 Kilometer Fahrrad fahren und dann noch einen kompletten Marathonlauf durchstehen: Der legendäre Ironman-Thriathlon auf Hawaii zählt sicher zu den extremsten Sportveranstaltungen. Einer der Teilnehmer schilderte mir, wie er die letzten Marathon-Kilometer hinter sich brachte. Er spürte in den Beinen starke Krämpfe aufsteigen, die Schmerzen wurde immer schlimmer. Die Krämpfe führte er unter anderem darauf zurück, daß er zu wenig Nahrung und damit zu wenig Elektrolyte zu sich genommen hatte. Er wurde langsamer, mußte einige Kilometer im Gehen zurücklegen. Plötzlich hörte er kurz vor dem Ziel von weitem die Zuschauer, die im Zielraum die Teilnehmer lautstark und voller Begeisterung anfeuerten. Seine Schmerzen waren daraufhin wie weggeblasen, und er brachte die letzten Kilometer des Marathons zwar langsam, aber sehr rhythmisch im Lauf hinter sich.

Das Beispiel zeigt, daß man selbst in Grenzsituationen zu mehr fähig ist, als man glaubt. Biologische Zustände (Wasser- und Mineralstoffmangel) wurden von einem Triathleten erlebt und wahrgenommen, und diese Wahrnehmung wurde durch externe (hier soziale) Faktoren (Applaus) überlagert, so daß sich schließlich das Handeln änderte, obwohl das „eigentlich" nicht mehr möglich schien. Der Sportler konnte wieder laufen, wenn auch nur noch sehr langsam – weder die Grenzen der Biologie noch die der Physik lassen sich im Kopf überwinden. Wohl aber kann jeder seine Ressourcen im Rahmen biologischer und physikalischer Vorgaben ökonomischer nutzen.

3 BEANSPRUCHUNG – VON UNTERFORDERUNG BIS STRESS

Nach Lektüre der ersten beiden Kapitel werden viele Streßbewältigungs-Willige schon ungeduldig sein und möglichst sofort mit konkreten Maßnahmen „loslegen" wollen. Aus meiner Arbeit mit Spitzensportlern und Managern ist mir diese Ungeduld vertraut, denn wer sich auf das Thema: „Ressource Ich – der optimale Umgang mit Streß" einläßt, hat eigentlich keine Zeit zu verlieren, denn er hat ja eigentlich nie Zeit, ist aktiv und zielbewußt, will sein Ziel möglichst schnell erreichen.

Ich habe dargelegt, daß wir unsere Welt, wenn wir sie als beanspruchend erleben, eigentlich selbst, im Kopf, entstehen lassen. Auch, daß das Mentale ein schier unerschöpfliches Potential freisetzen kann. Die naheliegende Frage ergibt sich nun wie von selbst: Wie lassen sich diese Zusammenhänge denn umsetzen bei der Nutzung der Ressource Ich, besonders dann, wenn man sie braucht? Unter Beanspruchung und Streß?

Ganz ist der theoretische Hintergrund dazu aber noch nicht ausgeleuchtet: Es reicht nicht aus, nur die eigene Einstellung zum Thema Streß zu analysieren, will man die Ressource Ich wirklich optimal ausschöpfen. Meist wird beim Thema Streßbewältigung ein ganz wichtiger Bereich vergessen: Die Untersuchung der Frage, was **Streß** eigentlich ist, wie er entsteht, wann er in welchen Formen auftaucht. Wann sind wir auf angenehme Weise gefordert, wann überfordert, was ist es eigentlich, was uns da fordert? Erst wenn man solche Zusammenhänge verstanden hat, wird man souveräner, kann flexibler und situationsangemessener handeln. Ohne Grundlagen dagegen bleiben einem nur Rezepte – und die passen dann oft nicht.

Im Prinzip setzen wir zwei **Ressourcen** ein, um im Leben die gestellten Anforderungen, die Probleme und Erfordernisse zu bewältigen: persönliche und materielle. Unser

- **persönliches Wissen und Können** einerseits und/oder
- **materielle Mittel** wie Geld, Maschinen, Werkzeuge, Computer.

Wie Anforderungen beanspruchen

Beanspruchung erleben wir, wenn wir versuchen, körperliche oder mentale **Anforderungen** zu bewältigen – ein Vorgang, der uns seit jeher vertraut ist. Das Gefühl, beansprucht zu sein, wächst, je schwieriger, dringlicher, verbindlicher und folgenreicher man Anforderungen erlebt. Bei sehr hohen Anforderungen brauchen wir einen starken Antrieb, das heißt, müssen motiviert sein, darüber hinaus strengt es an, hohe Anforderungen anzugehen, wie stundenlanges Bergaufsteigen bei großer Hitze.

Damit sind zwei wichtige Voraussetzungen dafür, sich Anforderungen zu stellen, umrissen:

* **Motivation** als entsprechende Veranlassung, aktiv zu werden, und
* die **Anstrengung**, um mit den zur Verfügung stehenden Ressourcen die gestellten Anforderungen bewältigen zu können.

Zur Motivation hatte ein Trainer, mit dem ich jahrelang im Kampfsport zusammengearbeitet habe, eine sehr prägnante und lakonische Philosophie. Wenn es hart auf hart ging, sagte er immer: „Das muß man wollen!"

Mit diesem Hintergrund ergibt sich ein **Funktionskreis der Beanspruchung** (Abbildung 1), der immer gültig ist, unabhängig davon, wie die Qualität und Quantität der Beanspruchung beschaffen ist, ob Kinder versuchen, einen Turm aus Lego-Steinen zu bauen, ob wir einen Dübel in die Wand setzen, ein Tennisturnier gewinnen, einen Geschäftsbericht erstellen oder ein Orchester dirigieren wollen. Anforderungen und Probleme können nur mit Anstregung und Motivation unter Einsatz der Ressourcen Wissen und Können bewältigt werden; aber auch mit Freude und Zuversicht.

Der genauere Blick legt einen Unterschied zwischen **körperlichen** und **mentalen Anforderungen** nahe. Bei körperlichen Anforderungen ist in erster Linie das biotische System der Körper, also Muskeln, Kreislauf, Bewegungsapparat gefordert. Joggen, eine Bergwanderung, das Kistenschleppen beim Umzug oder die Suche nach dem verlorenen Ski im Tiefschnee sind körperliche Anforderungen, schweißtreibend und atemberaubend. Mediziner warnen vor den Gefahren einer technisch regulierten Alltagswelt, in der wir viel zu sehr von körperlichen Anforderungen entlastet sind. Die Folgen – körperliche Handlungseinschränkungen beispielsweise durch Übergewicht, Kurzatmigkeit, muskuläre Schwäche oft schon bei Schulkindern, sind allgegenwärtig.

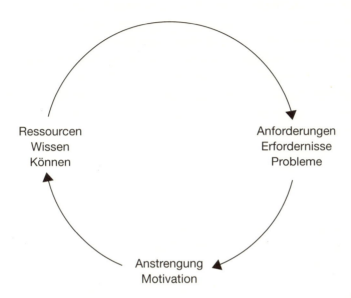

Abbildung 1: Funktionskreis der Beanspruchung.

Situationen, die mental beanspruchen

Mentale Anforderungen stellen sich uns in drei Grundsituationen immer wieder:

1) **Situationen mit ungewissem Ausgang, aber hoher persönlicher Bedeutung:** „Ich weiß nicht, was auf mich zukommt, aber das Ergebnis ist für mich von größter Bedeutung." Das kann zum Beispiel eine Gerichtsverhandlung sein.

2) **Situationen, in die man mit hohen, als verbindlich erlebten Erwartungen hineingeht:** „Ich muß unbedingt gewinnen, sonst wird mein Vertrag nächstes Jahr nicht verlängert und ich stehe vor dem Nichts" – der Profisportler, der sich Sorgen um sein Sponsoring macht.

3) **Konkurrenzsituationen:** „Wenn ich mich gegen diesen Wettbewerber durchsetze, bekomme ich den Auftrag", denkt man etwa bei der Präsentation vor einem potentiellen Auftraggeber.

Theoretisch können Anforderungen und die daraus resultierenden Beanspruchungen gleichsam mit dem Seziermesser aufgeteilt und klassifiziert werden. Das ist aber nicht ganz wie im richtigen Leben: Körperliche und mentale Beanspruchungen lassen sich nicht ohne weiteres trennen. Gräbt man im Tiefschnee schwitzend nach dem verlorenen Ski, rasen einem natürlich auch zahlreiche Gedanken durch den Kopf: „Wenn ich ihn nicht finde, wie komme ich dann diese weite Strecke ins Tal hinunter, es wird ja auch bald dunkel." Oder man ärgert sich über die möglichen Kosten, wenn man sich ein neues Paar Ski kaufen muß. Umgekehrt reagiert man bei mentalen Anforderungen auch körperlich, bekommt beim Vorstellungsgespräch Herzklopfen oder vor einem Referat feuchte Handflächen und zittrige Knie, obwohl körperlich nichts gefordert wird.

Aber zum Glück beherrschen wir das Kombinationsspiel zwischen mentalen und körperlichen Anforderungen und Reaktionen bei den meisten alltäglichen Anforderungen recht routiniert und bewältigen die meisten Situationen, ohne eine allzu hohe Motivation zu benötigen und ohne uns besonders anstrengen zu müssen. Schuhe binden, Auto fahren, den Kindern helfen – das sind in der Regel Peanuts im Katalog möglicher Anforderungen. Solche immer wiederkehrenden Anforderungen bewältigt man einfach mit bewährten, gewohnten Handlungsmustern, man erlebt diese Situationen als **Routine**. Man hat alles im Griff, kommt kaum aus dem inneren oder äußeren Gleichgewicht – denn man weiß erstens, was zu tun ist, und zweitens sind auch Ergebnisse und Konsequenzen ziemlich zuverlässig vorauszusagen. Ressourcen und Anforderungen sind hier ausbalanciert, es steht hinreichend Zeit zur Verfügung, weil man den Zeitbedarf solcher Routinehandlungen schon vorher weiß und einplanen kann – die Beanspruchung ist gering, geht vielleicht gar gegen Null.

Es ist wie mit einer ausbalancierten Waage (Abbildung 2): Auf der einen Schale haben wir die Ressourcen, unser Wissen und Können, auf der anderen die gestellten Anforderungen, Erfordernisse und Probleme.

3 Beanspruchung – Von Unterforderung bis Streß

Routine hilft und hemmt

Nun könnte man vorschnell zu der Ansicht kommen, daß genau das die optimale Situation sei: Der Einsatz der Ressourcen ist durch lange Übung als Routine optimiert, Anforderungen und Ressourcen sind im Gleichgewicht. Aber – ist das wirklich optimal?

```
┌─────────────────────────────────────────────┐
│                  ROUTINE                      │
│                                               │
│     Ressourcen          Anforderungen         │
│     Wissen              Erfordernisse         │
│     Können              Probleme              │
│                                               │
│     ─────────────    ▲    ─────────────       │
└─────────────────────────────────────────────┘
```

Abbildung 2: Ressourcen-Anforderungs-Waage: Routine.

Stellen Sie sich vor, Sie mieten sich als stolzer Besitzer des A-Segelscheins im Urlaub am Strand ein Segelboot. Dazu schenkt Petrus Ihnen an diesem Tag einen postkartenblauen Himmel und ein Lüftchen von Windstärke zwei, sanft plätschern die Wellen gegen den weißen Bauch des Bootes, und Sie haben keinerlei Zeitdruck; ob Sie das Boot mittags um zwei oder erst am Abend wieder abgeben, spielt keine Rolle. Man hat die Dinge im Griff – wunderschön, nicht wahr? Und nun stellen Sie sich weiter vor, das ginge drei Urlaubswochen so – jeden Tag haben Sie dieses Boot und segeln unter den gleichen Bedingungen routiniert herum. Klar, immer noch schön – aber irgendwo auch ganz schön langweilig. Routine stellt sich zwar erst nach einiger Zeit ein – wird aber dann auf Dauer zum Problem. Denn es gibt keine neuen Anforderungen, alles ist immer gleich, bleibt beim alten. Es ist, als ob die routiniert verrichtete Anforderung eigentlich gar keine wäre, und Langeweile, Monotonie und sogar Sättigung stellen sich ein.

Im Beruf dasselbe: Hat man eben eine gewisse Routine erreicht, ist man stolz darauf und froh darüber. Aber nur für kurze Zeit, dann heißt es, die Routine frißt mich auf, hält mich von wichtigen anderen Aufgaben ab, tötet meine Kreativität, macht mich körperlich und geistig schlapp. Viele junge Leute durchschauen diese Entwicklung von vornherein, haben die Tristesse übermäßiger Routine vielleicht bei ihren Eltern gesehen und wünschen sich bloß keinen Job, der in Routine mündet. Es soll immer Neues geboten sein, möglichst viele Aufgaben, Menschen und Länder will man kennenlernen, Routine wird vielfach und, wie ich glaube, vorschnell als negativ abgelehnt.

Fraglos hat Routine problematische Seiten. Sie ganz abzulehnen, wäre aber letztlich fatal. Man ärgert sich ja schon, wenn man sein Auto aus der Werkstatt holt und es noch schlechter anspringt als zuvor. Dem jungen Mechaniker, fehle es noch etwas an Routine, heißt es dann entschuldigend … . Stellen Sie sich vor, Sie selbst seien der Herzchirurg, der Pilot, der Kfz-Mechaniker und hätten keinerlei Routine: Das Neue und Spannende abseits aller Routine könnte hier sehr schnell zu gefährlichen Situationen führen, Sie wären nicht selten überfordert. Das ist die positive Seite der Routine: Sie entlastet, spart Anstrengung und Kraft, gibt uns selbst und auch den Menschen, mit denen wir zu tun haben, Erwartungs- und Handlungssicherheit. Routine ermöglicht uns Anforderungen ökonomisch, also mit optimaler Mittel-Zweck-Relation, einem sinnvollen Verhältnis von Aufwand und Ertrag zu bewältigen, bei hoher Erwartungssicherheit. Immer wenn wir beispielsweise einen Experten zu Rate ziehen, erwarten wir genau diese Routine: sicheres Urteil, sichere Prognose, sicheres Handeln.

Überforderung und Unterforderung

Man kommt in keinem Lebensbereich ohne Routine aus. Da drängt sich die Frage auf, wo Routine als sinnvolles Element in der ökonomischen Nutzung der Ressource Ich anzusiedeln ist und wo nicht. Bei der Beantwortung dieser Frage helfen die Begriffe **Überforderung** und **Unterforderung** weiter.

Überforderung wird erlebt, wenn bei der oben gezeigten Waage die Anforderungen, Erfordernisse und Probleme gewichtiger erscheinen als Ressourcen, Wissen und Können. Unterforderung, wenn wir wesentlich mehr Ressourcen, Wissen und Können haben, als wir für die vorliegenden Anforderungen, Erfordernisse und Probleme brauchen.

Überforderung, Unterforderung und Routine lassen sich dann noch nach Quantität und Qualität differenzieren. Abbildung 3 zeigt, wie man sich das vorstellen kann.

3 Beanspruchung – Von Unterforderung bis Streß   27

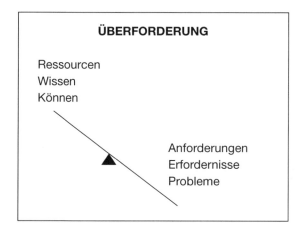

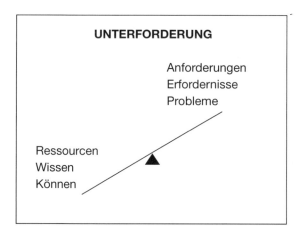

Abbildung 3: Ressourcen-Anforderungs-Waage: Überforderung und Unterforderung.

Es ist also nicht allzu schwierig, mit schlüssigen Überlegungen die verschiedenen Konstellationen differenziert darzustellen. Bleibt die Frage, wie man nun Routine, Unterforderung und/oder Überforderung auf optimale Weise zusammenbringt, kombiniert, um das richtige, angemessene und zweckmäßige Vorgehen im Leben zu erreichen. Denn immer Überforderung zu erleben ist genauso übel wie stete Unterforderung oder Routine. Auch hier macht es die Mischung.

Auf der einen Seite haben wir ein Leben mit Routine-Anforderungen. Wissen und Können sind mit den Anforderungen und Problemen voller Routine balanciert, es kann einem nicht viel passieren – aber es passiert

	Routine	Überforderung	Unterforderung
Quantitativ	• weder zu wenig noch zu viel zu tun • hinreichende Zeit	• Zeitdruck • Hetze • Akkord • viel zu tun	• zeitlich monoton • zu wenig zu tun
Qualitativ	• Fertigkeiten und Fähigkeiten reichen genau aus • Alles ist klar und unkompliziert	• Schwierigkeit • Kompliziertheit • Unklarheit der Anweisungen	• Inhaltlich monoton • Nichtausnutzung von Fertigkeiten und Fähigkeiten

Abbildung 4: Grundtypen der Anforderung
(vom Verfasser erweitert nach: *Udris, I*: Psychische Belastung und Beanspruchung. In: *Zimmermann, L.* (Hrsg.): Humane Arbeit – Leitfaden für Arbeitnehmer. Band 5: Belastungen und Streß bei der Arbeit. Rowohlt, Reinbek, 1982, S. 110 – 165)

eben auch nicht mehr viel. Schlimmer als die Langeweile aber ist die Tatsache, daß auch in einem solchen Leben durchaus nicht immer alles gleich bleibt, wie man vermuten könnte. Nein, man verliert sogar an Substanz: Die Sicherheit eines so austarierten Daseins wird erkauft mit schwindender **Anpassungsfähigkeit** an neue Anforderungen, abnehmender körperlicher und mentaler Fitness. Schon die geringsten ungewohnten Anforderungen werden nicht mehr souverän bewältigt, sondern führen sofort zu Balance- und Funktionsstörungen, ähnlich wie ein untrainiertes Herz auf plötzliche Belastung reagiert.

Fitness – zurück zur Balance

In diesem Zusammenhang erscheint etwa die Entschuldigung, das Alter mache eben träge und unbeweglich, in einem ganz anderen Licht. Die moderne medizinische und trainingswissenschaftliche Forschung belegt, daß weniger das Alter Flexibilität und Leistungskraft in vielen Lebensbereichen abbaut, sondern unsere mit dem Alter wohl zunehmende Trägheit – Trägheit verstanden als Vermeidung von körperlichen und mentalen Balancestörungen. **Fitness** hat, wer anpassungs-

3 Beanspruchung – Von Unterforderung bis Streß   29

fähig ist und anpassungsfähig bleibt, sich immer wieder entsprechend beansprucht und sich mit den Folgen von Beanspruchung auseinandersetzt. Das Geheimnis heißt also: **Training** im Körperlichen wie im Mentalen. Dosierte Beanspruchung ist schließlich das Grundprinzip jedes sinnvollen Trainings und bringt **Übungs-, Lern- und Trainingseffekte.**

Welche vielfältigen Wirkungen Anforderungen auslösen, ist wissenschaftlich hinreichend untersucht und belegt. Wir wissen um **Anregungseffekte** wie den **Aufwärmeffekt**, also darum, daß eine Leistung nach Beginn einer Tätigkeit mit weniger Anstrengung erbracht wird als zu Beginn. Wir wissen, daß Anforderungen die **Aktivierung** steigert: Die psychische und körperliche Funktionstüchtigkeit nimmt zu, wenn diese Anforderungen zu einer mittleren Beanspruchung führen. Beanspruchung zeitigt, wie jeder weiß und erfahren hat, **Übungseffekte.**

Zu hohe Anforderungen beeinträchtigen allerdings auf Dauer, Höhe und Verlauf der mentalen und biotischen Funktionstüchtigkeit, psychische **Ermüdung** und **ermüdungsähnliche Zustände** treten ein. Man gerät in Zustände der **Monotonie,** gekennzeichnet durch einen langsam entstehenden Zustand herabgesetzter Wachheit, also Vigilanz, der mit Schläfrigkeit, Müdigkeit, Leistungsabnahme, Leistungsschwankungen und Verminderung der Reaktionsfähigkeit einhergeht.

DIN 33405

Wiederkehrende Anforderungen können zur psychischen **Sättigung** führen, die man als Unruhe, Nervosität, als affektbetonte Ablehnung sich wiederholender Tätigkeiten erlebt: Man kommt einfach nicht mehr weiter, hat das Gefühl, auf der Stelle zu treten. Wenn die Beanspruchung als Folge der Anforderung die individuellen Leistungsmöglichkeiten über längere Zeit überfordert, kommt es zur **Erschöpfung.** Zur Regeneration bedarf es dann externer Hilfe, beispielsweise eines Sauerstoffzeltes oder diverser Medikamente. In diesem Fall ist also die Regeneration nicht mehr allein aus körpereigenen Ressourcen zu leisten – denken Sie hier nicht nur an Sportler, die erschöpft zusammenbrechen, sondern auch an entsprechende Alarmsituationen im Beruf. Abbildung 5 faßt diese Folgen, die sogar in einer DIN-Norm (DIN 33405) festgelegt wurden, zusammen.

30   Teil I: Ökonomie im Umgang mit Anforderungen

Anregungseffekte
• Aufwärmeffekt
• Aktivierung

Übungseffekte

Psychische Ermüdung

Ermüdungsähnliche Zustände
• Monotonie
• Herabgesetzte Vigilanz
• Psychische Sättigung

Erschöpfung

Abbildung 5: Die Folgen mentaler Anforderungen nach DIN 33405.

Bei all diesen Ausführungen wird mancher zustimmend mit dem Kopf nicken und sagen, stimmt schon, habe ich aber selber irgendwie schon gewußt, ohne mich systematisch damit beschäftigt zu haben. Menschen, die bereits ein längeres Berufsleben hinter sich haben, sind sich der Vor- und Nachteile von Routine bewußt. Und wer viel Sport treibt, weiß natürlich auch, daß er ohne entsprechendes Training keine gute Leistung erbringen kann. Dennoch halte ich es für wichtig, einmal die grundlegenden Funktionszusammenhänge anzusprechen, denn vieles weiß man „eigentlich" und „irgendwie", es ist einem aber nicht in den vollen Zusammenhängen bewußt. Vor allem aber sollen die in diesem Kapitel geschilderten Funktionszusammenhänge deutlich machen, wie sehr sich mentale und körperliche Prozesse gegenseitig prägen und beeinflussen.

Trainingsziel Selbstmanagement

Wo stehen Sie persönlich? Wie sehen Sie Ihre individuelle Beanspruchungslandschaft? Wo sind Sie meist höher beansprucht – körperlich, materiell, zeitlich oder mental? Eine typische Selbsteinschätzung ist, daß man körperlich nicht mehr so leistungsfähig sei wie früher, schneller kurzatmig werde. Schwere Koffer trage man inzwischen ungern, nehme lieber den Kofferkuli, und statt Treppensteigen sei die Rolltreppe oder der Aufzug angesagt. Die meisten haben vor, „mal wieder was zu tun". Materiell geht es bei vielen um den Traum von mehr Geld. Zur Zeitknappheit wird der Wechsel auf die Zukunft angesprochen: Das wird dann schon, wenn erst mal die Kinder aus dem Haus sind, wenn man einen ruhigeren Job hat, wenn man im Ruhestand ist. Ja, natürlich wird man mehr Ruhe und Muße haben, wenn … .

Und mental? Wie sieht es da aus? Die meisten quellen hier nur so über von schlagwortartig geschilderten Problemen, die permanentes, fast ausweglos erscheinendes, höchstes Beanspruchungspotential signalisieren: Ärger, Aufregung, Streß, Lustlosigkeit, Motivationsprobleme, Erschöpfung, Konzentrationsmängel. Probleme, die auch materiell und zeitlich noch beanspruchen. Bei jeder Umfrage zu diesem Thema bekommt man es bestätigt: Körperlich haben viele Menschen in unserer Welt das Problem der Unterforderung mit den entsprechenden Folgen. Im Mentalen dagegen schreiben viele auffallend hohe rote Zahlen im Sinne der Überbeanspruchung. Fragt man nach den bisherigen Wegen zur Bewältigung dieser oft erdrückenden Beanspruchungssituation, wird nicht selten der Gang zum Arzt, die Einnahme von Pillen und der gute Rat, doch etwas kürzer zu treten, genannt. Hier und da erhält man noch die Empfehlung, Entspannungskurse an der Volkshochschule zu belegen. Von den phantastischen Möglichkeiten, die Ressource Ich durch Selbstmanagement optimiert zu nutzen und auf diese Weise vieles ins Lot zu bekommen, hört man dagegen wenig. Allerdings erfordert diese Möglichkeit mit ihren vielen Wegen eine gute Portion Eigenleistung.

Bevor ich näher darauf eingehe, ist die Frage, wann jemand mental „gut drauf" ist, das heißt die Frage nach dem **Trainingsziel des Selbstmanagements** zu stellen und zu klären. Mental „gut drauf" erlebt sich jemand dann, wenn er eine Anforderung durch Denken und Reden im Sinne des folgenden Leistungsprinzips angehen würde.

> **Ich bin überzeugt,**
>
> **daß ich die Fähigkeiten habe,**
>
> **diese Anforderung zu bewältigen,**
>
> **wenn ich mich JETZT anstrenge!**

Abbildung 6: Leistungsprinzip.

Warum ist das „Jetzt" so wichtig? Decken Sie dieses Wort einmal ab und fragen Sie sich dann, ob es Anforderungen gibt, die Sie sich nicht zutrauen würden. Natürlich gibt es keine – irgendwann und irgendwo geht schon alles irgendwie. Irgendwann werde ich wieder mit Joggen anfangen und sicher viermal die Woche eine Stunde laufen. Irgendwann wandere ich auch den Hadrians-Wall in Schottland ab. Hauptsache, man kann den Zeitpunkt offen lassen … . Das hat dann aber nicht mehr viel mit dem wahren Leben zu tun. Denn das Beanspruchende im Leben ist, daß es immer *jetzt* stattfindet und immer *hier* stattfindet, nämlich da, wo man ist. Nicht da, wo man war, und nicht da, wo man sein wird!

Hier und Jetzt als Beanspruchung

Wer sich auf das „Hier und Jetzt" nicht einläßt, erlebt zwar Entscheidungssituationen streßfrei, weil er nicht entscheidet, und ohne jedes Motivationsproblem, nach dem Motto: „Natürlich mach ich's, ich kann nur noch nicht sagen, wann, wie und wo." Viel bringt man auf diese Weise aber nicht voran.

Der Weg zum Selbstmanagement aber beginnt mit der **Entscheidung,** die sich zwangsläufig ergibt, wenn man zum „Hier und Jetzt" steht. Entscheiden war bei den Rittern der Moment, in dem das Schwert aus der Scheide gezogen wurde. Wer sich entscheidet, riskiert, denn erst mit der Entscheidung hat man die Option auf den Erfolg aber eben auch auf den Mißerfolg. Entscheidet man aber aus Angst oder Trägheit nicht, bleibt man, wo man ist, und hat damit die Option Erfolg von vornherein ausgeschaltet. Wer entscheidet oder sich entscheidet, ist zu diesem Zeitpunkt immer allein und stellt sich zur Disposition, weil er Erfolg oder Mißerfolg haben kann; aber wer entscheidet, sich ändert und wieder anpaßt bleibt fit. Das gilt für Einzelne wie für Organisationen.

Fitness von Unternehmen

Als ich mich mit dem Thema Fitness von Unternehmen und Organisationen im Zusammenhang mit den unterschiedlichen Organisationsprinzipien beschäftigte, kam ich in diesem Zusammenhang auf zwei Hauptgruppen: Typ I und Typ II.

3 Beanspruchung – Von Unterforderung bis Streß   33

Typ I	Typ II
• Bewahren	• Verändern
• Vergangenheit	• Zukunft
• Statik	• Dynamik
• Fremdleistung	• Eigenleistung
• Bedrohung	• Herausforderung
• Geringe Anpassungsfähigkeit und Fitness	• Hohe Anpassungsfähigkeit und Fitness

Abbildung 7: Prinzipien in Organisationen: Typ I und Typ II.

Die Prinzipien des **Typs I** finden sich vor allem bei sehr traditionsver-
hafteten Organisationen von geringer Anpassungsfähigkeit wie Kir-
chen, politischen Parteien, Verbänden, Behörden oder Gewerkschaften. Sie organisieren sich stark nach dem **Prinzip des Bewahrens**, orientiert an der Vergangenheit, und haben sich im Laufe von Jahrzehnten und Jahrhunderten sehr **statisch** strukturiert. Man arbeitet hier in
rigide voneinander abgegrenzten, starren Hierarchie-Ebenen und Rän-
gen. Besoldungsgruppen, Dienstgrade und Amtsbezeichnungen grenzen ab. Zum System gehören formell streng festgelegte Weisungsbe-
fugnisse, das berufliche Vaterunser beginnt hier mit dem Satz: „Der
Dienstweg ist einzuhalten … .“ Falls diese uneffektiven Wasserköpfe
wieder einmal unbezahlbar teuer werden, kompensiert man dies in der
Regel nicht mit Eigenleistung, sondern rekrutiert **Fremdleistung:** Gebühren, Beiträge, Steuern, Abgaben werden erhöht. Wer kritisch ein-
fordert, man möge doch, offener, flexibler, weniger statisch und mehr
zukunftorientiert arbeiten, bedroht die althergebrachten beruflichen
Erbhöfe und wird damit nicht selten als **Bedrohung** von Grundwerten
unserer Gesellschaft angesehen.

Unter **Typ II** finden wir die Prinzipien moderner, nach Wirtschaftlich-
keitserwägungen organisierter fitter Unternehmen. Solche Institutionen oder Unternehmen sind geradezu gezwungen, sich permanent zu
verändern. Sie müssen selbst kreativ Märkte gestalten oder zumindest
die Nase im Wind haben und sich der – meist schnellen – Entwicklung
von Märkten anpassen. Bemerkt zum Beispiel ein Autohersteller, daß
in den USA ein Wagen nur mit Cupholder zu verkaufen ist – mit inte-

grierten Getränkebecher-Haltern – wird er dieser Anforderung sofort gerecht werden. Und nicht lamentieren, daß er das noch nie gehabt habe, es also jetzt auch nicht brauche. Unternehmen müssen sich an der und in die **Zukunft** orientieren, bei allen Planungen die Anforderungen der kommenden Jahre einbeziehen. **Dynamik** ist hier nicht nur eine schöne Worthülse, sondern überlebensnotwendig. Sind solche Unternehmen aus eigener Kraft nicht mehr überlebensfähig, können sie nicht einfach Steuern, Gebühren oder Preise erhöhen. Fremdleistung gibt es nur begrenzt, etwa in Form von Krediten, die letztlich durch die Rückzahlungszwänge doch wieder zur **Eigenleistung** werden. Weitere Eigenleistungen wären etwa längere Arbeitszeiten, niedrigere Gehälter, Optimierung der Betriebsabläufe. Schwierigkeiten und Problemen begegnet man also nicht in Erstarrung und empfindet sie als Bedrohung, sondern man erlebt sie als **Herausforderung**.

Und nun die Preisfrage: Welche der beiden Gruppen gerät in unserer schnellen, modernen Gesellschaft zunehmend unter Druck, weil sie zeitgemäßen Anforderungen nicht mehr gewachsen ist?

Streß als Kopf-Konstruktion

Ohne Beanspruchungen, ohne das Annehmen von Anforderungen wäre das Leben also nicht nur langweilig – wie beim vorgefertigten Pauschalurlaub, bei dem man täglich im Liegestuhl Nummer 1275 liegt und sich nicht einmal der Beanspruchung eines kleinen Ausflugs unterzieht –, sondern auch erfolglos. Bewußt habe ich dabei bislang nur von **Beanspruchungen** – als Konsequenz der Bewältigung von Anforderungen – gesprochen, nicht von Streß. **Streß** ist ein Wort, das inflationär verwendet wird, schon bei ganz normalen täglichen Beanspruchungen reden viele Menschen von Streß. Jede Beanspruchung jenseits der Routine wird mit Streß gleichgesetzt. Man ruft eine Bekannte an, die in ihrem Laden am Vormittag ausnahmsweise sechs statt der üblichen vier Kunden hatte, und schon hört man die Klage: „Ich bin total im Streß!" Verkehrsteilnehmer geraten in einen Stau, und schon wähnen sie sich im Streß, genauso wie Großeltern beim Hüten der Enkel.

Wo aber fängt der Streß wirklich an, wann wird Beanspruchung zu Streß?

Den meisten fällt dazu sofort Quantitatives ein: Wenn sie etwas leisten sollen bei zu wenig Zeit, bei zu hohen Anforderungen oder zu gerin-

3 Beanspruchung – Von Unterforderung bis Streß

gem Wissen und Können (Abbildung 3). Das stimmt aber nur bedingt. Streß ist eben nicht nur ein quantitatives, sondern auch ein qualitatives Problem.

Um das transparenter zu machen, lohnt es, sich den Funktionskreis der Entstehung von Streß vor Augen zu führen.

Entscheidend für Intensität und Qualität von Streßerleben ist das **Kalkulieren der Konsequenzen** des Gelingens oder Mißlingens von Bewältigungsbemühungen in bedrohlichen Situationen. Genauer müßte man sagen in als bedrohlich eingeschätzten Situationen. Streß liegt also weder in der Gesellschaft begründet, noch in Ihrer Arbeit oder der Familie, ist auch nicht an der Zeit festzumachen – Streß ist nicht das Böse von außen, Streß entsteht im Kopf. Und wie könnte man sich davon weitgehend entlasten? Im Prinzip, wenn man das Kalkulieren der Konsequenzen unterlassen oder hintanstellen würde. Oder wenn man als intelligenter Wissender die Konsequenzen durchaus in voller Bandbreite sehen, aber angemessen damit umgehen könnte.

Bei einem Vortrag vor Polizisten wurde ich einmal gefragt: „Wie macht man das, daß man ganz cool bleibt?" Ich antwortete: „Entweder man ist riegeldumm und merkt gar nichts, oder man merkt alles und kann damit umgehen." Letzteres ist erlernbar, trainierbar. Sicher nicht von jedem in jedem Maß und in jeder Situation. Das zu behaupten, wäre zynisch. Aber von jedem bis zu einem gewissen Maß und in vielen Situationen.

Im allgemeinen Sprachgebrauch hört man gelegentlich, der kann mit Problemen eben besser umgehen, den kann nichts erschüttern, bei den und jenen Herausforderungen mußt du fest in deinen Stiefeln stehen. All diese einfachen Sätze sagen aus, daß es eigentlich nicht das Maß der Anforderung ist, das uns mehr oder weniger Streß verursacht, sondern daß der Streß erst durch entsprechende Bewertung der jeweiligen Situation mit ihren Anforderungen im Kopf entsteht. Das heißt, zwei Menschen können dieselbe Anforderung vor sich haben und von ihren Ressourcen, ihren Fähigkeiten her über dasselbe Potential verfügen – und doch erlebt der eine mehr, der andere weniger Streß.

Es beginnt mit einer Abschätzung

Man kann sich diese Funktionszusammenhänge noch etwas deutlicher ansehen. Vor gut einem Vierteljahrhundert beschrieb der Streßforscher Lazarus (*Lazarus, R.S.*: Stress and the coping process. McGraw Hill, New York, 1966.) die zentrale Bedeutung solcher ständig ablaufenden kognitiv-bewertenden Situationsanalysen. Von **kognitiven Prozessen** sprechen Psychologen übrigens immer dann, wenn es um das Aufnehmen, Verarbeiten, Speichern und Abrufen von Informationen bei Menschen geht. Wichtige kognitive Prozesse sind demnach Wahrnehmen, Denken, Abspeichern, Erinnern, Vorstellen. Unser Gehirn ist gewissermaßen ständig online und seine Analysen prägen, was wir fühlen, wie wir emotional reagieren. Um Ebbe und Flut im Meer der Emotionen verstehen zu können, müssen wir die **Abschätzungsprozesse** betrachten, die letztlich zu diesen Emotionen führen, müssen die situativen und personalen Bedingungen genau bestimmen. Lazarus beschreibt dies als eine Folge sich ändernder kognitiver Prozesse, die durch neue Informationen, Feedback auf das eigene Handeln und durch Überlegungen beeinflußt werden.

Menschen sind für Lazarus bewertende Organismen, die Situationen einschätzen und verarbeiten, um das eigene Handeln situationsangemessen regulieren zu können.

Bei dieser permanent ablaufenden, bewertenden Analyse kommt es auf die Art und Weise an, *wie* eine Person die jeweilige Situation wahrnimmt und bewertet. Dies prägt auch die Qualität und die Intensität der nachfolgenden emotionalen Reaktion – beispielsweise ob man sich angstvoll, hilflos, gestreßt oder stark, froh und handlungsfähig fühlt.

Die auslösenden Bewertungsprozesse für Emotionen, aber auch psychische Beanspruchung nennt Lazarus appraisal, **Abschätzung**. Sie liegt zwischen der Wahrnehmung der Situation und der psychischen Beanspruchung. Er unterscheidet formal

- die **erste Abschätzung**,
- die **zweite Abschätzung** und
- die **Neuabschätzung**.

Über antizipierte Schädigung und Streß-Symptome

Bei der **ersten Abschätzung** einer Situation versucht man bewußt oder unbewußt zu bewerten, ob sie für einen wichtig oder unwichtig, vorteilhaft oder bedrohlich und schädigend ist. Wird eine mögliche Bedrohung oder **Schädigung** antizipiert, löst dies **Streß** mit allen körperlichen und mentalen Folgen aus, und unser Kalkulieren kreist um vier Grundfragen: Wird diese Situation

- **materiellen Schaden,**
- **physischen Schaden,**
- **sozialen Schaden** und/oder
- **psychischen Schaden**

nach sich ziehen?

Im Falle antizipierter vorteilhafter und positiver Perspektiven wären die mentalen Folgen nach Lazarus Freude oder zumindest freudige getönte Emotionen. **Körperliche Symptome bei Streß** sind übermäßiges Herzklopfen, Magendrücken, Durchfall, trockener Mund, feuchte Handflächen, Zittern von Stimme und Händen, weiche Knie, Verkrampfung et cetera. **Mentale Symptome** sind in Abbildung 8 zusammengestellt.

Ein erstes mentales Symptom ist, **die Schwierigkeit, rational zu denken** und alle Aspekte eines Problems zu sehen. Der Blick engt sich ein wie in einem Tunnel, man verliert leicht den Überblick. Am ausgeprägtesten ist dies der Fall, wenn Menschen in Panik geraten, die Übersicht verlieren und deshalb für strategisches Handeln nicht mehr offen sind.

- Schwierigkeiten, rational zu denken und alle Aspekte eines Problems zu sehen (Tunnelblick, geringer Überblick)
- Rigidität, Vorurteile
- unangebrachte Aggression und Gereiztheit
- Rückzug aus Beziehungen
- starkes Rauchen
- Unfähigkeit zu Entspannung und ruhigem Schlaf

Abbildung 8: Mentale Streßsymptome.

Das Eindrucksvolle an Filmhelden wie James Bond ist wohl, daß sie dann, wenn unsereiner jeglichen Überblick verliert und vor lauter Bäumen den Wald nicht mehr sieht, immer noch zu einer verblüffend klaren und effizienten Handlung kommen. **Rigidität**, das heißt starre Verhaltensmuster, und Vorurteile signalisieren ein weiteres psychisches Symptom unter Streß. Die Handlungsmuster und die Denkmuster schränken sich ein, sie werden starrer und unflexibel, zumindest aber weniger situationsangemessen. In diesem Zusammenhang läßt sich leicht an Situationen im Straßenverkehr denken, zum Beispiel an virtuelle Zwiegespräche mit anderen Verkehrsteilnehmern, die einem die Vorfahrt nehmen oder einen auf andere Weise behindern, beispielsweise auf der Autobahn. Die Sprachmuster sind in solchen Kontexten in aller Regel nicht druckreif, sie sind rigide und vorurteilsbehaftet.

Unangebrachte Aggressionen, Gereiztheit, man könnte auch sagen Reaktionen mit sehr kurzer Zündschnur sind in aller Regel die Konsequenz sich aufstauender psychischer Beanspruchung bis zum Streß. Es ist eines zum anderen gekommen, und zum Schluß fehlt nur noch der sprichwörtliche Tropfen, der das Faß zum Überlaufen bringt, der den Wutausbruch oder den Aggressionsschub auslöst. Der Außenstehende fragt sich, was denn eigentlich los sei, es sei doch kaum etwas passiert. Ein verbreitetes Muster ist auch der **Rückzug aus Beziehungen**. In Konfliktsituationen bei Paaren läuft das in der Regel nach dem Prinzip: „Mit dir kann man ja nicht reden"; man steht auf und verläßt den Raum. Solche Rückzugsstrategien lassen sich aber auch über längere Zeit und größere Entfernungen darstellen. Ein typisches Bild bietet sich in diesem Zusammenhang in Hotels, wenn sich ältere Ehepaare schweigend und mit steinernen Mienen beim Frühstück gegenübersitzen und jeder den Dialog beziehungsweise die soziale Beziehung über die Sprache verweigert, weil damit der Streß, der die Beziehung schon seit langer Zeit belastet, von neuem ausgelöst würde. Raucherinnen und Raucher kennen die Erfahrung, daß sie unter Streß mehr und schneller **rauchen**. Die Zigarette ist dann kein Genußmittel mehr, sondern ein Pausenmetronom, um schnell aufeinanderfolgende Beanspruchungs- und Streßsituationen zu takten.

Auf Dauer führen Streßbeanspruchungen zu der **Unfähigkeit, sich zu entspannen** und ruhig zu schlafen. Man ist nicht mehr in der Lage, sich aus eigener Kraft oder aus systeminternen Ressourcen zu regene-

3 Beanspruchung – Von Unterforderung bis Streß   39

rieren. Man muß in aller Regel externe Ressourcen zu Hilfe nehmen etwa in Form von Alkohol und Tabletten.

Materieller Schaden: Die drohende materielle Schädigung – Verlust von Geld, Hab und Gut – ist für viele die vordergründigste Bedrohung im Leben. Zahlungsverpflichtungen, Aktienverluste, Job-Ängste drücken. Diese modern anmutenden Angstformen hatten entwicklungsgeschichtlich Sinn, ging es doch einst ums nackte Überleben. In einer modernen Industriegesellschaft fühlen sich manche schon bedroht, wenn das nächste Auto aus finanziellen Gründen nur vier statt sechs Zylinder hat: Aus der Sicherung des Überlebens wurde vielfach der Tanz ums goldene Kalb, der nicht selten hilflose Versuch einer Lebenssinn-Findung durch Anhäufung materieller Güter, Lebenssinn durch Lebensstandard. Die Fokussierung auf die materielle Komponente führt oft zur Klage über den angeblich wachsenden Streß in der Gesellschaft. Materielle Bedürfnisse können den Blick so sehr verzerren, daß man nicht mehr erkennt, was materiell wirklich wichtig ist und was nur Kann-Funktion hat. Soll- und Kann-Erfordernisse werden dann als Muß-Erfordernisse erlebt. Wer als Mönch das Armutsgelübde ablegt, ist frei von diesen verbiegenden materiellen Zwängen und Verlustängsten. Aber auch ohne Armutsgelübde ordnen viele erfolgreiche Geschäftsleute und Entscheidungsträger in den mittleren Jahren ihre Bedürfnishierarchie neu – was dann in der übermäßig materiell orientierten Gesellschaft bezeichnenderweise mit dem negativen Begriff Midlife-Crisis belegt wird.

Physischer Schaden: Bedrohungen durch Schmerz oder Verletzung sind Teil der Alltagserfahrung. Jeder von uns kennt die Angst vor dem Zahnarzt, vor einer Operation. Auch hier: Die Angst *vor* dem, nicht die Angst *beim* Zahnarzt. Oft machen andere sich übrigens unsere Ängste zunutze. Etwa der Versicherungsvertreter mit der Frage, ob man sich eigentlich wirklich schon einmal klar gemacht habe, was alles passieren kann, wenn.

Bei einem Besuch auf der „Victory", Nelsons Flaggschiff bei der Schlacht von Trafalgar, hörte ich, daß Delinquenten in der englischen Marine vor Antritt ihrer Strafe einen Tag lang in einen Stock geschlossen wurden. Daß sie sich dort den ganzen Tag mit dem, was ihnen bevorstand und den sich daraus möglicherweise ergebenden Konsequenzen beschäftigten, bedeutete eine dramatische Verschärfung der Strafe.

Sozialer Schaden: Er entsteht in der Regel dadurch, daß man den Maßstäben anderer Menschen nicht entspricht – solcher Menschen, die einem *wichtig* sind, bedeutsamer anderer. Die Folgen: Man könnte sich blamieren, das Gesicht verlieren, vielleicht sogar den so wichtigen Kontakt, man könnte in der sozialen Achtung abrutschen, schließlich ganz „out" sein. Der Angstschweiß, das Lampenfieber des Bühnenschauspielers, Redners, Kabarettisten, das ins Blut schießende Adrenalin ist auf die Furcht vor sozialem Schaden zurückzuführen. Ebenso beispielsweise die Verkrampfung des Golfspielers am Abschlag vor dem Clubhaus oder die des Motorradfahrers, der sein schwerbepacktes Zweirad vor dem voll besetzten Straßencafé wenden will.

Psychischer Schaden: Die Angst vor Maßstäben anderer birgt fraglos ein erhebliches Streßpotential. Aber auch die eigenen Maßstäbe können Streß auslösen, zumal sie beliebig steigerbar sind. Man will perfekt sein, im Beruf, beim Sport, im Aussehen: In Scharen strömen die Menschen in Body-Studios und zu Seminaren aller Art. Schön und gut, nur: Wer das Alles-ist-möglich als Prinzip begreift, kennt neben seinem Fort- und Weiterbildungsbestreben auch die solide Einsicht in die Endlichkeit menschlichen Perfektionsbemühens und -strebens. Alles andere artet sonst auch im Bereich der guten Absichten und Vorsätze und der eigenen Maßstäbe in Streß aus. Wer sich für einen acht-Stunden Tag ernähren muß, kann keine Model-Figur haben, und ein 156 Zentimeter großer Mann macht sich mit seiner Größe erst dann lächerlich, wenn er sein Bemühen um das Nichterreichbare betont, etwa mit übertriebenem Bodybuilding und extrem hohen Absätzen. Er bekommt den Streß dann gleich im Doppelpack: Durch falsch gepolte eigene Maßstäbe und von außen, weil ihn niemand ernst nimmt.

Konsequenz der ersten Abschätzung ist für Lazarus eine mehr oder weniger intensiv erlebte und entsprechend getönte Emotion bzw. ein Gefühlszustand, der mit einer Steigerung des Aktivations- oder Erregungsniveaus einhergeht. In normalen Anforderungssituationen gilt diese Steigerung gewissermaßen als „Anlasser", um die notwendige physische und psychische Leistungsbereitschaft zu erreichen, im Sport wird sie als Vorstartzustand beschrieben.

Streß als Würze des Lebens

Selbstverständlich gibt es solche Steigerung des Aktivations- oder Erregunsniveaus auch in anderen Lebensbereichen – wie sehr und warum Beanspruchungen für ein erfülltes Leben nötig sind, habe ich bereits ausgeführt. Selye, der Nestor der Streßforschung, geht sogar so weit, Streß als die Würze des Lebens anzusehen. Und Würze, so wissen wir alle, lebt vom Maß.

Ökonomisch mit Streß umgehen zu können, setzt die laufende Kontrolle dieses Maßes voraus – Wo stehe ich? In Abbildung 9 habe ich eine kurze aber recht praktische Checkliste für die laufende Überprüfung des Streß-Maßes zusammengestellt. Es geht um vier Kriterien, über die man das in jeder Situation abprüfen kann, ob man noch auf der positiven oder schon auf der negativen Streß-Seite steht.

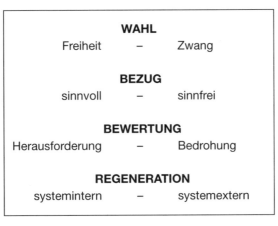

Abbildung 9: Merkmale für positiven (linke Spalte) und negativen (rechte Spalte) Streß.

Es sind dies die **Wahl**, der **Bezug**, die **Bewertung** und die **Regeneration**, die jede Situation kennzeichnen in der man sich befinden kann. Schauen Sie sich jetzt die linke Spalte an und prüfen Sie damit Ihre derzeitige berufliche Situation ab. Hätten Sie die Freiheit etwas anderes woanders zu arbeiten? Erleben Sie den Bezug dessen, was Sie arbeiten als sinnvoll. Sind die beruflichen Anforderungen für Sie Herausforderungen? Können Sie sich aus eigenen, systeminternen Ressourcen regenerieren, ohne Hilfsmittel. Wenn Sie alle Fragen mit „Ja" beantworten, erleben Sie zwar auch gelegentlich Streß; aber mit einer durchaus positiven Grundmelodie.

Wie anders sieht diese Bewertungs- und Streß-Landschaft aus, wenn Sie sich gezwungen erleben Ihren Beruf auszuüben, vielleicht weil es keine Alternative gibt, ihn als sinnfrei einstufen und Bedrohung erleben durch Leistungsdruck, Kolleginnen und Kollegen als Konkurrenten oder durch neue Technologien. Regeneration systemextern bedeutet, daß man Hilfsmittel benötigt, sich zu regenerien, beispielsweise Alkohol und Pharmaka.

Hier kontrastiert sich unschwer erkennbar schon eine andere Qualität in mental und emotional hart beanspruchenden Situationen.

Solche Gegenüberstellungen simplifizieren, gewiß. Sie überzeichnen und fordern. Beim darüber Denken fällt einem ein, daß es wohl situativ ganz unterschiedlich laufen kann, manchmal hängt man in den Kategorien der Abbildung 9 förmlich rechts, ein anderesmal links. Manchesmal mischen sich beide Spalten. Aber ohne Zweifel kämpft jeder von uns einmal mehr einmal weniger intensiv und erfolgreich, um von rechts wieder nach links zu kommen. Man erlebt Zeiten, in denen man diesen Kampf kämpft, als schwierige Zeiten, privat, beruflich, gesundheitlich. Er ist Teil des Lebens, wie kann man seine Chancen zu bestehen, verbessern? Man braucht mehrere Identitäten.

Mehrere Identitäten als Bewältigungspotential

Unter **Identität** verstehe ich eine eigene Lebenswelt, in der man in einer bestimmten Rolle steht. Drei gilt es zu entwickeln: Eine berufliche, eine soziale und eine individuelle. Wer im Beruf steht hat eine **berufliche Identität** – ohne Frage. Man steht als Schlosser, Zirkusdirektor, Kosmetikerin oder Lehrerin, als was auch immer im Beruf. Unsere **soziale Identität** wird bestimmt durch unser soziales Umfeld: Familie, Verwandte, Freunde, Bekannte. Die **individuelle Identität** prägt sich über uns selbst. Was bin ich für mich, mit mir, ohne, daß jemand weiß, wer ich beruflich und sozial bin. Ich mit mir. Ich habe in meinem Leben schon zahlreiche Menschen getroffen, die als erstes über ihren beruflichen Stand, ihre tollen Bekannten und ihre Auszeichnungen aufgeklärt haben, die sie besitzen: Individuelle Identitätszwerge.

Diese drei Identitäten sind für die Lebensbewältigung deshalb so fundamental, weil sie Optionen auf Alternativen öffnen, wenn man in *ei-*

ner Identität schwere Zeiten durchmacht. Ich erlebe viele beruflich Erfolgreiche, die genaugesehen nur eine – ihre berufliche – Identität besitzen. Ohne die sind sie leer, ziellos, inhalts- und orientierungslos. Damit anfällig wie eine Schnecke ohne Haus. Was soll ich machen und was bin ich ohne meinen Beruf? Streß im Beruf wird so zum Streß der Person ohne Alternative, man hat keine alternative Lebensentwürfe als Refugium.

Eine vergleichbare Problematik entwickelt sich für Mütter, die ohne Berufstätigkeit Kinder großziehen, sich für Kinder und Familie bedingungslos einbringen und ihre eigenen Bedürfnisse hintanstellen. Kinder und Familie definieren ihre Identität. Wenn die Kinder ein bestimmtes Alter erreicht haben, werden sie das Haus verlassen, zurück bleibt nicht selten ein leeres Nest, in der Alternsforschung spricht man vom empty-nest-Syndrom, die Identität der Mutter muß sich dann fundamental umbauen. Es bleibt dann im Alter um 50 die Frage, was bin ich ohne meine Kinder, welche beruflichen und sozialen Perspektiven bleiben mir? Das ist eine gesellschaftspolitische Problematik von weitreichender Bedeutung.

Mehrere Identitäten zu haben eröffnet die Möglichkeit alternativ die eine und die andere Option zu besetzen, um nicht vollständig von den Problemen in einem Bereich aufgefressen zu werden.

Herausforderung und Bedrohung

Bei der Beurteilung von Streß ist die Unterscheidung von Lazarus nützlich, der dem Begriff **Herausforderung** das Gefühl der **Bedrohung** gegenüberstellte. Der Unterschied liegt für ihn in der emotionalen Tönung – Herausforderung wird als positiv, Bedrohung als negativ erlebt. Der Bedrohte hebt in seiner Abschätzung die potentielle Schädigung durch eine Situation hervor, der Herausgeforderte die schwer erreichbare, möglicherweise riskante, aber letztlich mit positiven Folgen verbundene Bewältigung. Beim Abwägen und Bewerten von Stärken und Schwächen besinnen sich Bedrohte auf all ihre Schwächen, Prüfungskandidaten auf alle Bücher, die sie nicht gelesen haben, Herausgeforderte auf ihre Stärken, auf alle Bücher die sie gelesen haben.

Nach der ersten Abschätzung setzt Lazarus die **zweite Abschätzung**. Hier wird geprüft, welche Handlungsmöglichkeiten zur Bewältigung der abgeschätzten, bedrohlichen oder gar schädigenden Situation zur

Verfügung stehen, auf zwei Ebenen: Per direktem, **instrumentellem Handeln,** indem man die Situation ändert. Der Drachentöter enthauptet den Drachen. Oder per **Probehandeln** im Kopf, indem man relativiert, herunterspielt, verleugnet oder schönredet. Beide Ebenen spielen als Schwerpunkte der Streßbewältigung ineinander. Nach dem Bewältigungsversuch erfolgt eine Prüfung: Hat sich die Situation jetzt geändert? Damit beginnt die nächste Abschätzungsrunde, die **Neuabschätzung.** Ende und Anfang zugleich.

Das Streß-Konzept von Lazarus rückt in den Blick, was ins Zentrum jedes Streß-Konzepts gehört: die Ressource Ich. Im Fadenkreuz stehen wir selbst, unsere eigenen Bewertungen, unsere Bewältigungsmöglichkeiten, der angemessene und ökonomische Umgang mit unseren Ressourcen.

Das fällt vielen deshalb so ausnehmend schwer, weil sie sich unter Streß nicht mehr als Herr oder Frau der Dinge erleben, also als souveränes Subjekt, sondern als der Situation ausgeliefertes Objekt. Nicht sie bestimmen die Situation, sondern die Situation bestimmt sie – und das ausgerechnet in bedeutsamen Anforderungssituationen, wenn es ohnehin schwierig genug ist.

Was bleibt außer Fliehen?

Aber natürlich gibt es immer einen Weg, damit umzugehen – so oder so. Wir haben in Streßsituationen im Prinzip drei unterschiedliche Bewältigungsstrategien, wir können **fliehen, standhalten** oder die Situation und ihre Anforderungen als **Herausforderung** aktiv annehmen. Abbildung 10 differenziert dazu gängige Strategien.

Das **Fliehen** wird in unserer Gesellschaft fälschlicherweise ziemlich negativ bewertet und vielfach mit Feigheit und Aus-dem-Feld-Gehen assoziiert. In anderen Kulturen wird das durchaus anders gesehen, so zum Beispiel bei den jahrtausendealten chinesischen Strategemen, also Strategiekonzepten der Kriegskunst. Dort gilt das Fliehen als strategisch gleichwertige Alternative zu allen anderen Bewältigungskonzepten.

In alltäglichen Beanspruchungssituationen lassen sich ganz unterschiedliche Fluchtstrategien einsetzen. Beim **Distanzieren** nimmt man eine Beobachterrolle ein, gewissermaßen eine Übersichtsperspektive, um nicht in die emotionalen und streßauslösenden situativen Zwänge

3 Beanspruchung – Von Unterforderung bis Streß

Fliehen

- Distanzieren
- Flucht
- Meidung

Standhalten

- Verantwortung akzeptieren
- Selbstkontrolle
- Soziale Unterstützung suchen
- Positive Neubewertung

Herausforderung

- Planvolles Problemlösen
- Konfrontative Bewältigung

Abbildung 10: Bewältigungsstrategien bei Beanspruchung und Streß (nach: *Folkman, S.*, et al. Dynamics of stressful encounter: Cognitive appraisal, coping and encounter outcomes. Journal of Personality and Social Psychology, 50, (1986) 992-1003)

zu geraten. Wenn man beispielsweise kleine Kinder in einem traurigen Theaterstück von dieser Trauer entlasten möchte, kann man ihnen erklären, daß die Figuren dieses Theaterstücks ja nur Schauspieler seien, die nicht in Wirklichkeit leiden oder sterben, sondern dies nur spielen. Wählt man die Strategie der Flucht, entfernt man sich aus einer Situation, die Streß auslösen könnte. Als Student beispielsweise dadurch, daß man immer dann, wenn man Gefahr läuft, ein Referat übernehmen zu müssen, andere Beanspruchungen vorschiebt, um nicht verpflichtet zu werden. Im beruflichen Alltag, sind Zeit, Geld, Arbeit und körperliche Beschwerden sehr häufig eingesetzte Fluchthelfer. Um etwas nicht tun zu müssen, kann man einfach vorgeben, man habe keine Zeit. Das akzeptiert jeder. Daß man kein Geld hat, um zum Beispiel in eine Theateraufführung oder eine andere kulturelle oder freizeitliche Tätigkeit einzutreten, ist gleichermaßen ein akzeptierter Grund, genauso wie Arbeit. „Ich muß arbeiten, sei du doch so nett und geh mit unserem Jungen zum Lehrer, um mit ihm zu besprechen, wie man die Schulschwäche abstellen kann", ist eine bekannte Fluchtstrategie beruflich engagierter Väter.

Auch körperliche Beschwerden werden vielfach vorgeschoben, wenn man keine Lust hat, etwas zu tun, wenn man einer Anforderungssituation entfliehen möchte. Wenn Ihr Zwölfjähriger Sie auf dem Jahrmarkt auffordert, mit ihm in die Looping-Achterbahn einzusteigen, lassen sich körperliche Beschwerden relativ leicht und von ihm auch akzeptiert vorschieben. Ob das immer zielführend ist, ist eine andere Frage.

Neben dem Fliehen gilt das **Standhalten** als eine Bewältigungsstrategie. Auch hier stehen verschiedene Möglichkeiten zur Verfügung. Man kann **Verantwortung** für das, was geschehen ist, **akzeptieren**, das heißt, man übernimmt offen die Konsequenzen von streßauslösendem Verhalten und schafft sich damit neue Optionen für Bewältigungsmöglichkeiten. Solch eine Strategie wird zum Beispiel beim Rücktritt von einem Amt gewählt. Es ändert sich nichts, aber damit, daß man diesen Rücktritt vor aller Öffentlichkeit vollzogen hat, entlastet sich die Situation. **Selbstkontrolle** ist wohl eine der verbreitetsten Bewältigungsstrategien beim Standhalten. Die Situation löst Streß aus, man versucht sich so zu kontrollieren, daß dies nach außen nicht sichtbar und für einen selbst erträglich wird.

Verbreitete Selbstkontrolltechniken sind Entspannungs- und Selbstbehauptungsstrategien, die Kontrolle der Körpersprache oder der Gestik. Verräterisch sind körpersprachliche Nebenstellen, die deutlich machen, daß die Selbstkontrolle nicht perfekt durchgehalten wird. Solche Nebenstellen sind zum Beispiel die scheinbar unbeobachteten Finger, mit denen man an irgend etwas herumnestelt, oder beim Redner unter dem Rednerpult die nervös auf und abwippenden Fußspitzen. Sozial professionelle Selbstkontrolle demonstrieren Honoratioren in der ersten Reihe bei öffentlichen Veranstaltungen, die ausnahmslos in einer Mehrzweckposition dasitzen, Aufmerksamkeit signalisierend, Nebenstellen vermeidend und eine gewisse Würde ausstrahlend: Beine übereinandergeschlagen, Hände übereinandergelegt, auf dem Oberschenkel vielleicht ein Programm in Händen haltend, den Kopf leicht geneigt.

Soziale Unterstützung sucht man bei Gleichgesinnten, die einem helfen, schwierige Situationen durchzustehen. Eine schon institutionalisierte Bewältigungsstrategie sozialer Unterstützung sind zum Beispiel Selbsthilfegruppen. Zum Überleben unter Streß, aber auch sonstiger hoher Beanspruchung scheint mir wichtig, daß man Menschen kennt, die man dann ansprechen kann, wenn man solche soziale Unterstützung und Hilfe braucht.

Bei **positiver Neubewertung** versucht man, durch das Herausarbeiten positiver Aspekte in einer Beanspruchungs- und Streßsituation das beste für sich daraus zu machen. Solch ein Konzept ist in letzter Konsequenz das Verständnis von Krankheit als Weg, Krankheit als Wegweiser in ein anderes Leben mit anderen Qualitäten.

Wählt man eine Herausforderungsstrategie, beziehungsweise hat man die Kraft zu solch einer Strategie, gibt es die Möglichkeit des **planvollen Problemlösens**, bei dem man klar und strategisch einen Plan vom ersten bis zum letzten Schritt durcharbeitet, um die Beanspruchungssituation zu bewältigen. Wer das – gar nicht mehr so unwahrscheinliche – Pech hat, den Führerschein zu verlieren, muß sich in dem Augenblick Gedanken darüber machen und unter Umständen sehr planvoll vorgehen, um seine alternative horizontale Mobilität zu erhalten oder neu zu entwickeln. Versucht man eine Streßsituation **konfrontativ** zu **bewältigen**, nimmt man einen Konflikt in Kauf, man packt den Stier bei den Hörnern, wie es heißt, und versucht so, die Streßsituation zu bewältigen. Ein junger Arzt, der die Praxis einer älteren Kollegin übernommen hatte, hat mir solch eine konfrontative Bewältigung einmal beschrieben. Die Kollegin sei noch jahrelang und immer auch zu Spitzenzeiten als Patientin in die Praxis gekommen und habe sich aufgeführt, als gehörte sie ihr noch. Das habe lange an ihm genagt, es habe ihn geärgert, es habe Streß und Aversionen ausgelöst, bis er sich eines Tages gesagt habe: „Jetzt ist Schluß!" und ihr von einem Tag auf den anderen klargemacht habe, daß es so nicht weitergehen könne.

Ein kluger Ratschlag

Welche der drei Strategien man in der gegebenen Situation anwenden soll, diese Frage hat schon vielen schlaflose Nächte bereitet. Es hängt tatsächlich von der Situation ab. Immer fliehen bringt uns nicht weiter, jede Herausforderung annehmen macht auch nicht unbedingt stärker; und das moralisch hoch bewertete Standhalten kann in Permanenz ebensowenig die richtige Strategie sein.

Der Tübinger Theosoph F. A. Oetinger hat vor über 200 Jahren dieses Dilemma erkannt und in Zwiesprache mit seinem Schöpfer Beistand bei der Lösung förmlich erbetet: „Herr, gib mir die Kraft, zu ändern, was ich nicht ertragen kann, die Gelassenheit, zu ertragen, was ich nicht ändern kann, und die Weisheit, das eine vom anderen zu unterscheiden."

4 ÖKONOMISCH MIT STRESS UMGEHEN –
OPTIMAL HANDELN, WENN ES DARAUF ANKOMMT

Keine Frage, „eigentlich" beherrscht man den Abschlag beim Golf perfekt. Das Auto auf relativ enger, abschüssiger Fahrbahn zu wenden sollte ebensowenig ein Problem sein wie ein paar launige Begrüßungsworte vor einer vielköpfigen Versammlung. Und der Schauspieler braucht doch eigentlich auch kein Lampenfieber zu haben, er kann seinen Text ja. Beispiele, die zeigen, daß sich gelegentlich Streß und vielleicht sogar Angst aufbauen, obwohl man die Dinge eigentlich gelernt hat.

Was man eigentlich beherrscht

Streß entwickelt sich in Situationen die man „eigentlich" beherrscht – wenn man nur nicht an diese **Konsequenzen** denken würde. Als Modell-Streß- und Trainingssituation lassen wir in Seminaren Teilnehmer in einem leeren Raum mit einer Video-Kamera allein. Ihre Instruktion: „Stellen sie sich drei Minuten vor. Das Band schauen wir nachher mit der Gruppe gemeinsam an!" Konsequenzdenken führt dabei nicht selten zu Formen von Verhaltensblockierung.

Neben dem Denken von Konsequenzen ist es noch der **Zeitfaktor**, der psychisch beansprucht bis zum Streß: Es ist eine Anforderung zu bewältigen – jetzt! Optimales Handeln zum definierten Zeitpunkt, etwa ein Aufschlag im Tennis irgendwann oder jetzt (vielleicht sogar ohne zweite Chance!).

Optimal handeln, wenn's drauf ankommt. Klar, das wäre prima, höre ich viele sagen, bei mir ist es nämlich oft so, daß das, was ich eigentlich kann, gerade in den wichtigen Situationen nicht klappt. Vom Trainingsweltmeister, trainingsstark, aber wettkampfschwach, würde man im Sport reden. Jeder kennt das in vielen Variationen, und darum wird Ihnen die folgende Erzählung irgendwie bekannt vorkommen.

Der Leiter eines Kraftwerks mit achthundert Mitarbeitern erzählte mir eine Geschichte, die viele Berufstätige schon einmal ähnlich durchlitten haben. Er wollte sechzig japanische Berufskollegen als Besucher in seinem Unternehmen in englischer Sprache begrüßen, hatte zu Hause einen launigen Text vorbereitet, ihn übersetzt, mehrfach mit und ohne Tonbandkontrolle eingeübt, zur Endkontrolle seiner Frau vorgetragen, die ihn auch für gut befand. Der Tag X war somit bestens vorbereitet. Als der Bus mit dem Besuch aus Fernost in den Firmenhof einfuhr, fühlte er sich plötzlich unwohl. Mit Herannahen des rhetorischen Auftretens stellte sich ein flaues Gefühl im Bauch ein, das sich immer mehr verstärkte und den Mann zusammen mit einem unangenehm hämmernden Pulsschlag und starkem Schwitzen bald völlig beherrschte. Er hatte kaum noch die Kraft, in den Bus zu steigen, um die freundlichen Japaner mit ihren Aktentaschen und Fotoapparaten in Empfang zu nehmen. Just als er anheben wollte, sie mit dem ersten, witzig vorformulierten Satz zu begrüßen, fiel ihm vor lauter Aufregung nichts anderes mehr ein, als mit seltsam zittriger Stimme und dem berühmten Frosch im Hals zu sagen: „So, jetzt steigen wir alle aus." Statt optimalem gelang ihm nur suboptimales Handeln in dem Moment, in dem es darauf ankam. Schon Mark Twain hat dieses Problem auf den Punkt gebracht: „Das menschliche Gehirn ist eine großartige Sache. Es funktioniert bis zu dem Zeitpunkt, wo du aufstehst um eine Rede zu halten."

Optimales Handeln zum definierten Zeitpunkt

Im günstigsten Fall ist solch suboptimales Handeln zum entscheidenden **Zeitpunkt** einfach nur lästig. Es kann aber auch zum peinlichen Auftritt geraten, eine Künstlerkarriere beenden oder einen Bewerber infolge streßbedingter Verkrampftheit die besten Argumente, seine Sicherheit und Ausstrahlung und damit die Stelle kosten. In wirklichen Gefahrensituationen, die nur durch zeitadäquates, Handeln zu bewältigen wären, kann es sogar tödlich enden.

Voraussetzung für optimales Handeln ist ohne Frage und ganz grundsätzlich **Handlungskompetenz,** verstanden als die Fähigkeit, sich ziel-, situations- und anforderungsangemessen zu steuern und zu organisieren. Warum nur wird gerade in Situationen, in denen es drauf ankommt, so oft und so gnadenlos Lehrgeld gefordert? Weil – eines der großen Mißverständnisse – diese Handlungskompetenz sehr häufig und fälschlicherweise auf bloße **Sachkompetenz** reduziert wird: Beherrsche Deine Sache und Du hast Erfolg! Vor allem Anhänger eines technischen

4 Ökonomisch mit Streß umgehen

Weltverständnisses argumentieren gern so. Es ist doch ganz einfach, sagen sie: Um eine Sache zu beherrschen, muß man sie nur häufig und fleißig wiederholen und einüben, und schon hält man den Schlüssel zum Handlungserfolg in Händen. Ob man mit dieser weitverbreiteten Haltung nicht einen großen Fehler macht? Es lohnt sich, darüber nachzudenken, mit Unterstützung einer hilfreichen Differenzierung.

Handlungskompetenz entfaltet sich nicht nur in Sachfragen als **Sachkompetenz**, sondern auch noch in zwei weiteren grundsätzlichen Bereichen: in der sozialen Umwelt als **Sozialkompetenz** und im Umgang mit sich selbst als **Selbstkompetenz**. Abbildung 11 zeigt die Idee, die dieser Auffassung zugrunde liegt.

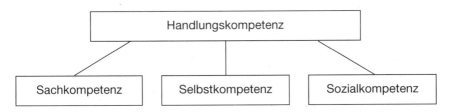

Abbildung 11: Die drei Facetten von Handlungskompetenz.

Sachkompetenz hilft – aber nicht immer

Daß bei der Beurteilung beruflicher Kompetenz und dementsprechend in Ausbildungsplänen und Einstellungsrichtlinien Kriterien der **Sachkompetenz** Priorität haben, wenn sie nicht oft sogar die einzigen Kriterien sind, wird immer noch als völlig normal angesehen. Viele Wirtschaftszweige erleben aber derzeit Umbruchsituationen: Unternehmen, Entscheidungsträger, Unternehmens- oder Personalberater reflektieren mehr und mehr auf **Sozialkompetenz** als Schlüsselqualifikation für komplexe Organisations- und Arbeitszusammenhänge. Vergleicht man jedoch Inhalte, Qualität und Aufwand der Ausbildung in beiden Bereichen, stellt man etwas ernüchtert fest, daß Sozialkompetenz, so hoch sie auch eingeschätzt wird, offenbar noch immer, wenn überhaupt, überwiegend über den Fortbildungsweg eingebracht wird. Und diese Fortbildung läuft nur teilweise über Initiativen der Unternehmen. Kaum verständlich ist in dieser Situation, daß sich Universitäten und

Hochschulen fast gänzlich heraushalten. Oder kennen Sie Studienfächer an Universitäten und Hochschulen, an denen Sozialkompetenz gelehrt und trainiert wird?

Der dritte Kompetenzbereich, die Entwicklung von **Selbstkompetenz**, verstanden als Regulation individueller und selbstbezogener Planung, Ausführung und Bewertung von Handeln, gilt noch mehr als Privatangelegenheit als Sozialkompetenz. Vor größerem Publikum wird sie allenfalls in Seminaren thematisiert und hier oft auch gleich durch einen esoterischen Unterton separiert, anstatt systematisch in die generelle Aus- und Fortbildung integriert zu werden. Selbstkompetenz steuert die effiziente und effektive Organisation des eigenen biotischen und mentalen Systems an. Ziel ist die optimale Handlung beziehungsweise Leistung zum definierten Zeitpunkt. Als Voraussetzung gilt die Synchronisation dieser beiden Systeme mit den Anforderungen der Umgebung. Sie stützen sich in diesem Falle gegenseitig und stören sich nicht. **Selbstkompetenz** erwächst aus

- **biotischer** und
- **mentaler** Kompetenz.

Abbildung 12: Mentale Kompetenz als einer von zwei Aspekten der Selbstkompetenz.

Mentale Kompetenz

Ich rede von **mentaler Kompetenz** und nicht von mentaler Fitness. Kompetenz lebt vom Durchdringen, von der Einsicht, also vom Hintergrund, der die situationsangemessene Modifikation und Weiterentwicklung komplexer Strategien eröffnet. Fitness lebt vom erworbenen Fertigkeitsniveau, sie wird trainiert und angewandt.

Viele gelangen in die Notwendigkeit der Entwicklung von mentaler Kompetenz erst um fünf vor zwölf, wenn nämlich die Kraft für das

4 Ökonomisch mit Streß umgehen

ständige Sichzusammenreißen – also die fassadenartige Außendarstellung ohne inneren Rückhalt – erlahmt, wenn sie das ständige Hochhalten von Kulissen überfordert, wenn es tiefgehende Sinnfragen aufwirft.

Die Erfahrung aus Gesprächen mit Führungskräften in den vergangenen zwanzig Jahren zeigt mir, daß aus Defiziten in der mentalen Kompetenz eine Vielfalt persönlicher Probleme resultieren können. Nicht wenige fühlen sich dadurch in vielen Situationen ziel- und chancenlos, „Was soll ich denn tun?" (zum Beispiel gegen Redeangst), denn wenn man in den Spiegel schaut, weiß man, daß all die Gewichtigkeit, die man im täglichen Monopoly zelebriert, in einigen Facetten nur Fassade ist. Viele kompensieren ihre innere Haltung, den Zwang, nach außen Mr. Happy oder Mrs. Successful sein zu müssen, mit Medikamenten oder Alkohol. Und laufen damit Gefahr, sich all die damit verbundenen physischen und psychosomatischen Gesundheitsrisiken einzuhandeln.

Wer auch unter Streß Erfolg haben will, tut also gut daran, sich von althergebrachten eindimensionalen Sachkompetenzrastern zu verabschieden, die umso weniger passen, je höher und komplexer die Führungsverantwortung angesiedelt ist. Sachkompetenz im Sinne von Expertenwissen ist ohne Zweifel eine notwendige, aber auch nicht mehr als eine selbstverständliche und schon gar keine hinreichende Voraussetzung für Handlungskompetenz. Der Mensch als ganzheitliches – bio-mental-soziales – System rückt immer stärker in den Mittelpunkt der Betrachtung.

Herrigel beschreibt das sehr schön in seinem Buch „Zen in der Kunst des Bogenschießens", das in seiner ersten Auflage 1927 veröffentlicht und seither in vielen Sprachen immer wieder aufgelegt wurde. Er dokumentiert darin seinen Weg als Schüler eines japanischen Bogenmeisters.

„Erst nach geraumer Zeit gelangen dann und wann wieder rechte Schüsse. Wie es vor sich ging, daß sie sich ohne mein Zutun wie von selbst lösen, wie es kam, daß meine fast geschlossene rechte Hand plötzlich geöffnet zurückschnellte, konnte ich weder damals noch kann ich es heute erklären. Die Tatsache steht fest, daß es so geschah, und dies allein ist wichtig. Aber wenigstens dahin kam ich allmählich, die rechten Schüsse von den mißlungenen unterscheiden zu können. Der qualitative Unterschied zwischen ihnen ist so groß, daß er nicht mehr übersehen werden kann, hat man ihn einmal erfahren. Äußerlich für den Zuschauer, zeigte sich der rechte Schuß einerseits dadurch an, daß das ruckartige Zurückschnellen der rechten Hand abgefangen wird und daher keine Erschütterung des Körpers hervorruft. Andererseits entlädt sich nach mißlungenen Schüssen der gestaute Atem explosiv, und nicht rasch genug kann wieder Luft geholt werden. Nach richtigen Schüssen wird dagegen der Atem in müheloem Gleiten entlassen, woraufhin die Einatmung ohne Hast Luft schöpft.

Das Herz schlägt gleichmäßig ruhig weiter, und die ungestörte Konzentration gestattet ohne Verzug den Übergang zum nächsten Schuß. Innerlich aber, für den Schützen selbst, wirken sich rechte Schüsse derart aus, daß ihm zumute ist, als habe der Tag erst jetzt begonnen. Er fühlt sich nach ihnen zu allem rechten Tun und, was vielleicht noch wichtiger ist, zu allem rechten Nichtstun aufgelegt."

Perfekte Synchronisation, wenn's drauf ankommt

Diese von Herrigel beschriebene perfekte Synchronisation des biotischen, mentalen und sozialen Systems gerät dann in Gefahr, wenn sie in Situationen gefordert wird, in denen es darauf ankommt, im Sport, im Beruf, überall. Gemeinsam sind solchen Situationen

- der **Erwartungsdruck**
- die **Nicht-Wiederholbarkeit**
- die **Konsequenz** bei Mißlingen
- die externe **Ziel- und Zeitvorgabe**.

Diese Vorgaben beanspruchen auch Führungskräfte bis zum Streß, die Reden halten müssen etwa auf Kongressen, vor Analysten, Aktionären, Medien, oder potentiellen Auftraggebern. Man weiß im Hinterkopf, daß es von der Qualität der Rede abhängt, ob die Mehrheit den Daumen nach oben oder nach unten richtet. In diesen Situationen sind „Nerven" erforderlich. Die Erwartungen sind vorgegeben, je nach Auditorium. Es gibt keine zweite Chance, nichts ist wiederholbar. Konsequenzen des Mißlingens sind kaum abzuschätzen. Ziele und Zeit sind vorgegeben, vom Redner kaum modifizierbar. Zum Ausdruck käme diese dann erforderliche innere Synchronisation etwa mit folgendem Statement: „Ich bin überzeugt, daß ich die Fähigkeiten habe, diese Anforderung zu bewältigen, wenn ich *jetzt* mein Bestes gebe." Darauf gilt es hinzuarbeiten. „Das Beste geben" ist hier nicht nach westlichen Denkschemata gemeint, also als Anforderungsbewäl-

4 Ökonomisch mit Streß umgehen

tigung durch Anspannung, durch das sprichwörtliche Zähnezusammenbeißen. Hilfreich ist der Blickwinkel, daß man sein Bestes zulassen soll.

Das mag geschraubt klingen. Es ist aber recht einfach, im Alltag zu erfahren, wie es mißlingt. Ich frage mich beispielsweise immer wieder, wenn ich Ansagen auf Anrufbeantwortern höre, warum Leute nicht in der Lage sind, einfach zwei kurze Sätze so zu sprechen, wie man es halt am Telefon tut. Stattdessen hört man Versuche, Ansager zu imitieren. Leute, die sonst Dialekt sprechen, versuchen es plötzlich auf Hochdeutsch. Man würde nie so reden, es sei denn am Anrufbeantworter. Warum? Weil man nicht normal sprechen kann? Nein, weil man das ganz normale Sprechen nicht zuläßt.

Und um dieses Zulassen geht es bei der Bewältigung unserer Alltagsanforderungen ganz zentral. Denn wir bewerten ständig, kalkulieren, entwickeln Annahmen und denken über das, was war, ist und was sein soll und folgen könnte. In diesem Gestrüpp und Dschungel von Informationen und Kognitionen, Annahmen, Vorstellungen und Vorgaben verheddern wir uns besonders dann unsäglich, manchesmal peinlich, wenn es wichtig wird. Die Konsequenz: Streß, verkrampftes, suboptimales Handeln, trotz aller Spannung und Anstrengung. Der Auslöser: im Kopf, das Mentale. Die Folge: Ärger, vielleicht Verzweiflung, fast immer aber Ratlosigkeit. Was läßt sich tun?

Man muß trainieren, und man kann trainieren, den Kopf, mentale Prozesse genauso wie die Muskeln oder den Kreislauf. Weil mentale Prozesse solch eine zentrale Vermittlungsposition und -funktion für das haben, was wir tun, bietet sich hier ein wirksamer und perspektivischer Ansatz, das **mentale Fertigkeitstraining**. Es gilt damit mentale Fertigkeiten zu trainieren. Das mentale Fertigkeitstraining umfaßt sieben trainierbare Handlungsmodule, die wichtigsten Fertigkeiten für Selbstmanagement in Beanspruchungs- und Streßsituationen. Dieses Trainingssystem wurde im Rahmen der Erforschung und Entwicklung von Streßbewältigungs- und Selbstkontrolltechniken und -methoden im Hochleistungssport von uns entwickelt und erprobt.

Fertigkeiten sind Handlungsmuster zur routinierten Bewältigung wiederkehrender Anforderungen. Sie sind stabil gegen Störungen und erfordern im allgemeinen keine sonderlich hohe Konzentration oder Zuwendung. Sie laufen – nach einigem Training – meist automatisch, also programmgesteuert ab, ähnlich wie das Anziehen von Kleidung oder das Essen mit Besteck. Fertigkeiten zu beherrschen entlastet, sie erleichtern die Bewältigung von immer wiederkehrenden Alltagsanforderungen und sind damit wirksame Handlungsmuster im Rahmen komplexer Selbstmanagement-Strategien zur Bewältigung von alltäglicher Beanspruchung und Streß.

Die Module

Fertigkeiten werden von mir im folgenden zu **Modulen** zusammengefaßt. Module sind austauschbare, komplexe Funktionseinheiten eines Systems. In der Technik sind modulare Systeme gang und gäbe. Ich habe den Begriff hier deshalb gewählt, weil die folgenden sieben Einheiten jede für sich stehen und funktionieren kann und trotzdem enge Verzahnungen zu den anderen Sechs aufweist.

Man kann an und mit den einzelnen Modulen arbeiten und trainieren und sich je nach persönlicher Problemlage und Trainingsziel zu immer komplexeren Verknüpfungen vorarbeiten.

Ein ganz grundlegendes Modul ist beispielsweise das Gespräch mit sich selbst. Selbstgespräche durchziehen alle anderen Module von der Regulation der Vorstellung bis zur Zielsetzung. Die Verknüpfungsmöglichkeit und damit auch die Anwendbarkeit der Module erschöpft sich kaum und wird für den, der damit arbeitet und trainiert immer neue Bewältigungsstrategien erschließen. Im Einzelnen empfehlen sich die folgenden sieben Module:

1. Das wichtigste Gespräch

Selbstgespräche sind die wichtigsten persönlichen Gespräche. Sie nehmen mit steigender Beanspruchung an Intensität und Dynamik zu und sind untrennbar mit der Bewertung und Umsetzung dessen, was wir tun, verknüpft.

2. Vorstellungen

sind innere Bilder, gleichsam die Prüf- und Führungsgröße unseres Handelns. Unzweckmäßige Vorstellungen gelten als zusätzliche Bean-

4 Ökonomisch mit Streß umgehen

spruchungs- und Streßfallen, zweckmäßige Vorstellungen können entlasten und Handeln unterstützen.

3. Stärken und Schwächen

sind unsere Grundausstattung, unser Potential zur Bewältigung aber auch zum Scheitern unter Beanspruchung. Wer im ursprünglichen wie im übertragenen Sinne überleben will, muß überzeugt von seinen Stärken an die gestellten Anforderungen herangehen. Mit seinen Schwächen hat noch niemand Bestand gehabt.

4. Hier und Jetzt

Leben findet immer, unter welchen Umständen auch immer, im Hier und Jetzt statt. Konzentration und Kraft leben von der Ruhe im Hier und Jetzt, Hektik wird aufrechterhalten vom ständigen Voraus- und Zurückdenken.

5. Entspannen

ist die Kunst loszulassen. Gekonntes Handeln unter Beanspruchung lebt vom situations- und anforderungsadäquaten Wechsel zwischen Festhalten und Loslassen, also vom Anspannen und Entspannen.

6. Handeln zu analysieren

Festzustellen, was war und was sein wird und dafür weiterführende Gründe zu finden ist die Voraussetzung für das Erlernen und die Weiterentwicklung auch unseres Selbstmanagements unter Beanspruchung und Streß.

7. Ziele

sind Zustände die man anstrebt, man wünscht sie sich oder will sie erreichen. Sie geben einerseits Orientierung und Struktur, fordern aber auch Kraft und Konzentration. Zweckmäßig mit Zielen umzugehen ist daher ein Gebot effizienten Selbstmanagements.

Die sieben Module haben sich in zwei Entwicklungsrichtungen als Instrumente bewährt: Zur Bewältigung von **Beanspruchung** und **Streß**, wie auch zur Optimierung der individuellen **Regeneration** zwischen Beanspruchungs- und Streßphasen.

II

Sieben Module zum ökonomischen Umgang mit Stress

1 Das wichtigste Gespräch – mit sich selbst

Wenn man mit jemandem redet, dann doch am liebsten mit einem wirklich netten und interessanten Menschen. Da geht alles locker und vertrauensvoll, da öffnet man sich am ehesten, das Gespräch gewinnt die nötige Tiefe. Und wenn Sie grundsätzlich dem Gedanken folgen können, daß dem Menschen, der sich selber mag, die Dinge besser gelingen als dem Selbstzweifler, dann hätten wir doch schon einen guten Grund für fruchtbare Selbstgespräche. Wenn man sich darüber hinaus vorstellen kann, sie nicht einfach so zu führen, sondern mit einiger Übung als wirksames strategisches Mittel für unser Selbstmanagement und zum ökonomischen Umgang mit der Ressource Ich einzusetzen, dann sind wir schon mitten im Thema des ersten Moduls, dem **Selbstgespräch**.

Jeder und jede mit sich. Sicher meist nicht laut, eher in Form von Gedanken, die Ihnen als Monlog, vielleicht auch als Dialog durch den Kopf gehen. Laut mit sich selbst zu reden halten ja viele für eine etwas peinliche Sache, weil alte, vielleicht schon etwas verwirrte Menschen in dem Ruf stehen, das oft zu tun. Man belächelt sie dann nicht selten, dabei führen sie oft einen recht sinnvollen inneren Dialog und erreichen durch das laute Sprechen mehr Selbstkontrolle, die sie angesichts ihrer nachlassenden Geisteskraft auch gut gebrauchen können. Nein, peinlich ist am nicht nur gedachten, sondern auch laut gesprochenen Selbstgespräch im Prinzip gar nichts, im Gegenteil: Es erweist sich als ein recht hilfreiches Instrument.

Probehandeln per Selbstgespräch

In vielen Situationen sind Ihnen Ihre Selbstgespräche vielleicht etwas mehr *bewußt* geworden. Zum Beispiel in Situationen, in denen sie begleitend, aber auch vorauslaufend oder nachfolgend zu dem auftraten, was wir taten – und manchmal rutschen uns auch beim nur gedachten Selbstgespräch ja doch ein paar Worte heraus: „Schau dir das an!", wenn wir in einem Museum ein besonders eindrucksvolles Exponat bestaunen, oder „Mist! Warum klappt das bloß nicht?", wenn Sie ein neues Gerät in Betrieb nehmen wollen. Ein typischer Satz, der schon mal fällt, wenn man etwa ein neugekauftes Elektrogerät installieren will. Wie geht man da vor? Man kennt sich nicht aus, liest deshalb die Gebrauchsanleitung, versucht, die oft unklaren Informationen zu verstehen. Man schaut das Gerät stirnrunzelnd von allen Seiten an, denkt über Installation und Gebrauch nach. Man strukturiert sein Vorgehen per **Probehandeln**, also per innerem Sprechen, bevor und während man etwas in Angriff nimmt („bloß nicht vorschnell die Stecker anschließen, da brennt im Nu etwas durch, also nochmal alles von vorne, logisch durchdenken, hier gehört der rote Stecker rein, mmh, da der blaue …“).

Die Gebrauchsanleitung gibt uns mit ihren Anweisungen vor, was wo wie und in welcher Reihenfolge anzuschließen oder zu verschrauben ist, einen Plan, einen Entwurf für die richtige Abfolge der notwendigen Handlungen. Erst mit diesem Plan kann man sich ans Werk machen und die einzelnen Handlungsschritte in der richtigen Reihenfolge ausführen. Entsprechendes Probehandeln und inneres Sprechen begleiten diese Handlungsschritte. Man sagt sich zum Beispiel bekräftigend die Reihenfolge der Installationsschritte vor oder warnt sich selbst: „Vorsicht, aufpassen, das rote Kabel muß in die linke Anschlußbuchse.“ Sind alle Kabel installiert, kommt die Funktionskontrolle. Habe ich alles richtig gemacht, läuft das Gerät? Man vergleicht nun also das Ergebnis des eigenen Handelns mit dem Plan. Auch dieser Überprüfungsprozeß wird wieder von Gedanken begleitet, wie etwa „Hm, läuft ja, also alles richtig gemacht, war ganz schön knifflig.“

Das Beispiel zeigt, wie man in Selbstgesprächen Pläne für sein Handeln entwickelt, sie per Probehandeln durchgeht, sich selbst Anweisungen gibt, seine Gedanken ordnet oder das eigene Handeln kommentiert, wobei es auch einmal laut und nicht ganz politisch korrekt zugehen kann, zum Beispiel wenn man sich mit dem Hammer auf den Daumen haut: „Scheiße!“ – übrigens das wohl meistgeführte Einwort-Selbstgespräch der deutschen Sprache!

Meist mißt man all diesen Gedanken wenig Bedeutung bei, nimmt sie beiläufig zur Kenntnis, bewußt sind sie selten, weil man es ja immer so macht. Das heißt aber nicht, daß diese Gespräche einfach so geführt werden, vielmehr haben sie für unser Handeln eine ganz grundlegende, ich meine sogar strategische Bedeutung. Man merkt das spätestens dann sehr deutlich, wenn man in eine schwierige Situation geraten ist, Druck spürt, Auswege sucht, schnell entscheiden muß: Die **Intensität** von **Selbstgesprächen** nimmt nämlich in der Regel mit der erlebten Be-

1 Das wichtigste Gespräch – mit sich selbst   63

anspruchung zu. Ein Problem, eine Anforderung steigern sich im Schwierigkeitsgrad, und schon läuft das Selbstgespräch intensiver, lebhafter ab. Bei extremer Beanspruchung – siehe oben – fängt man oft an, laut zu sprechen, sogar zu schimpfen und zu fluchen.

Selbstgespräch und Wohnmobil

Wichtig, weil hilfreich für das Selbstmanagement, ist dabei die Erkenntnis, daß Selbstgespräche und Handeln nicht voneinander zu trennen sind, insbesondere nicht unter stärkerer Beanspruchung. Sie sind wie die beiden Seiten einer Münze.

Ein Freund und Kollege von mir machte mit der Familie Wohnmobil-Urlaub in Marokko. Eines Tages fuhren sie gegen Ende der Flut an einen menschenleeren Strand und parkten das Wohnmobil direkt auf dem Sand, um sich in die Fluten zu stürzen. Als sie am Nachmittag nach dem Baden wieder wegfahren wollten, war der Sand unter dem Wohnmobil durch die einsetzende Ebbe ausgetrocknet, die Räder drehten beim ersten Versuch anzufahren sofort durch, bald steckte das Fahrzeug bis zu den Achsen im Sand. Nicht eben entlastet wurde die Situation durch den Gedanken an die in wenigen Stunden wiederkommende Flut, die das Wohnmobil wegschwemmen konnte. Unter wahren Kreativitätsstürmen, viel Schweiß, dem Einsatz auch der letzten Campingmöbel als Sandleitern und dramatischen Gesprächen und Selbstgesprächen, so berichtete mein Kollege, schafften sie es schließlich, das Fahrzeug mit Hilfe aufgeblasener Luftmatratzen freizubekommen. Er bestätigte mir, wieviel dichter diese Gespräche wurden, je beklemmender die Situation erschien, und wie wichtig die Gespräche und Selbstgespräche waren, um sich in den Wellen aufkeimender Resignation, Verzweiflung und Zuversicht Mut zu machen und weiter nach Lösungen zu suchen.

Interessant auch, welche Art von Selbstgesprächen erfolgreiche und nicht erfolgreiche Sportler führen. Aus meiner Erfahrung in der Beratung und Betreuung von Hochleistungssportlern weiß ich, daß weniger Erfolgreiche vor wichtigen Wettkämpfen überwiegend Selbstzweifel und Angst vor drohendem Versagen thematisieren, während die Erfolgreichen zuversichtliche Gedanken berichten. Nicht Erfolgreiche haben auch Schwierigkeiten, sich während des Wettkampfes schnell von einem Fehler zu erholen, und grübeln über die mal folgenschweren, mal aber auch nur ärgerlichen Konsequenzen ihrer Fehler nach, während Erfolgreiche ihre negativen Gedanken aus ihrem Kopf verbannen. Geht im Management eines Unternehmens etwas schief, handeln die besonders Erfolgreichen ähnlich und wenden sich konzentriert den hier und jetzt anstehenden Aufgaben zu. Erfolgreiche können sich also offenbar in ihren Selbstgesprächen auf ihre eigentliche Aufgabe fokussieren, während weniger Erfolgreiche mehr von Ängsten und der Beschäftigung mit sich selbst und den Konsequenzen ihres Handelns eingenommen und dabei förmlich blockiert wirken.

Die Atlantik-Überquerung im Faltboot

Eindrucksvoll hat in den fünfziger Jahren Hannes Lindemann* dokumentiert, daß systematisch positiv geführte Selbstgespräche unglaubliche Leistungsreserven aktivieren können, also ein Türöffner zu schier unglaublichen persönlichen Ressourcen sind. Er überquerte zweimal im Alleingang den Atlantik: einmal in einem Einbaum, das zweite Mal in einem Serien-Faltboot. Er berichtet über die enge Verflechtung zwischen autosuggestiven Selbstgesprächen und Handeln und kommt zu der Erkenntnis, daß in Seenot-Situationen erst das Selbstgespräch ins Negative umschlägt („Ich schaff' das nicht mehr"), bevor man unter der extremen Belastung dann tatsächlich körperlich aufgibt. Die negative Wendung findet also zuerst im Kopf statt, dann folgen die entsprechenden Handlungen. Aus Angst, Panik und Verzweiflung sind nach seiner Überzeugung und Erfahrung mehr Schiffbrüchige ums Leben gekommen, als durch körperliche Not. Ein Schiffbrüchiger gebe zuerst seelisch auf, so schreibt Lindemann, dann erst folgten seine Muskeln, und als letztes zerschellt das Rettungsboot.

Ein eingängiges Beispiel für die Bedeutung von Selbstgesprächen, gerade wenn es um Höchstleistungen geht, ist für mich die Beschreibung seiner psychologischen Vorbereitung auf seine zweite Atlantiküberquerung – ganz allein in einem winzigen Serien-Faltboot. Hier ein Auszug aus seinem Buch „Überleben im Streß" (*Lindemann, H.*: Überleben im Streß. Autogenes Training. München: Mosaik, München, 1975):

„Ein halbes Jahr vor der Abfahrt begann ich …, mir dreimal täglich den Satz einzuhämmern: ‚Ich schaffe es.' Zusätzlich versuchte ich, abends vor dem Einschlafen mein Unterbewußtsein in Tätigkeit zu bringen, um eine Antwort im Schlafe oder im Traume oder als ‚innere Stimme' zu erhalten auf die Frage: Ist die Fahrt moralisch gerechtfertigt? Komme ich an? Nach einigen Monaten glaubte ich, als innere Antwort das ‚kosmische Sicherheitsgefühl' zu besitzen, daß die Faltbootüberquerung ein gutes Ende nehmen würde. Ich fühlte mich sicher, was ich von meinen früheren Fahrten nicht sagen konnte; deshalb war ich früher schon zweimal umgekehrt, da mich eine innere Unsicherheit dazu aufrief.

Als ich dieses ‚kosmische Sicherheitsgefühl' spürte, entschied ich mich für die Fahrt und bindete mir andere Sätze in das Unterbewußtsein ein, das den völlig Ermüdeten daran erinnern sollte: ‚Halte Kurs West.' Es durfte nicht erst eine riesige See übers Deck waschen, um mich aus dem Schlafmangel-Delirium zu reißen. Und noch ein anderer Satz mußte in mein Unterbewußtsein eingebaut werden: ‚Nicht aufgeben!' Er sollte mich gegen die Sirenenrufe der vollkommenen Ermüdung schützen, gegen die vielen zu erwartenden Halluzinationen feien. Die Lockrufe aus dem bequemeren Jenseits sollten an dem so vorbereiteten Unterbewußtsein abprallen. Das ‚Nichtaufgeben' bildete ein ‚seelisches Korsett' in den dunkelsten Stunden der Fahrt, als ich am 57. Tag kenterte und neun Stunden im Sturm auf dem Boot liegen mußte, bevor ich es im Morgengrauen wieder aufrichten konnte. Neun Stunden an einen winzigen, glitschigen Gummischuh geklammert, bei sechs bis neun Metern Wellenhöhe mit erbarmumslosen Brechern und heulendem Wind, das erforderte mehr als normalen Lebenswillen."

Soweit aus Lindemanns Bericht über ein Unternehmen, das „eigentlich" gar nicht menschenmöglich war.

Wie Selbstgespräche kippen

Sicher ein Extremfall, aber gerade deshalb ein so gutes Beispiel. Die von Lindemann berichteten Zusammenhänge zwischen Selbstgespräch und Leistung decken sich in vielem mit meinen praktischen Erfahrungen mit erfolgreichen Sportlern und Sportlerinnen. Aber auch ganz normale Freizeitsportler können diesen Zusammenhang leicht nachvollziehen: Begibt man sich in eine Ausdauersituation wie etwa einen normalen Lauf im Rahmen der eigenen Leistungsmöglichkeiten, wird das Selbstgespräch umso intensiver, je härter man die körperliche Beanspruchung erlebt; das heißt, der Kampf ums Durchhalten wird per

Selbstgespräch geführt. Bevor man aufgibt, kippt zunächst das Selbstgespräch, dann der Körper – man hört auf zu laufen. Diese Reihenfolge ist in Leistungssituationen niemals umgekehrt. Es scheint weit hergeholt, aber es ist ein bißchen wie in einer schlechten Ehe: Erst kippt, dann verstummt das Gespräch, der Dialog, der früher doch so gut lief, dann erst zerbricht die Ehe vollends. Und so wie eine Ehe über die Wiederaufnahme des konstruktiven Gesprächs oft noch gerettet werden kann, ist es auch beim Sport: Das Anfeuern von Athleten kann dazu beitragen, daß sie kritische Situationen überstehen. Die Anfeuernden helfen, das Selbstgespräch im Sinne einer Stabilisierung zu regulieren und die schwindende Erfolgszuversicht aufrechtzuerhalten oder wieder aufzubauen.

Jeder, der schon beim Arbeiten an einem Auftrag oder beim Bergwandern, Skilaufen oder ähnlichem erschöpft in eine Krisensituation geraten ist, kennt noch eine andere Besonderheit bei Selbstgesprächen: Die Gedanken springen zwischen Zuversicht und Zweifel hin und her, sie neigen zur **Ambivalenz**. Besonders quälend erlebt man sie beim Warten auf ein Ergebnis mit Konsequenzen: den Befund des AIDS-Tests, das Gerichtsurteil oder das Prüfungsergebnis.

Gibt es zur effektiven Nutzung von Selbstgesprächen ein Rezept? Jemand, der sich selbst so managen kann, daß er in Sachen Erfolg zuversichtlich ist und auch leistungsbereit durchhalten kann, verfügt über die zur Bewältigung psychischer Beanspruchungssituationen grundlegende mentale Stärke. Diese Stärke schließt aber auch ein, daß man Situationen erkennt, die keine Lösungsmöglichkeiten mehr bieten, daß man sich zum rechten Zeitpunkt nach Flucht-, beziehungsweise Rückzugsmöglichkeiten umsieht und sich auch für sie entscheidet. Manchmal muß man einen Schritt zurückgehen, um besser vorwärtsspringen zu können.

Wahrscheinlich überprüfen Sie, während Sie all dies lesen, wie sich Ihre eigenen Selbstgespräche anhören, und vielleicht wird Ihnen auffallen, daß sie insbesondere unter Beanspruchung überwiegend negativ verlaufen. Sie ärgern sich über sich selbst und über andere, Sie schimpfen sich aus, bedauern sich selbst. Diese weitverbreiteten Strategien sind in aller Regel nicht die erfolgreichen. Sie unterstützen nicht, geben keine Kraft, sondern bürden nur noch weitere schwere Lasten auf. Stoppen Sie sich an diesem Punkt, von mir aus mit einem Befehl: „Stop!"

Also muß man sich nur immer schön positiv programmieren? Hier kommen wir an einen nicht unproblematischen Punkt, denn dieses Mißverständnis liegt nahe, nachdem ich oben Lindemann mit Sätzen wie „Ich schaffe es" zitiert habe. Da gerät das System des Selbstgesprächs ganz schnell in die Ecke des „Think-positive-and-be-happy-in-five-minutes". Die äußerst umfangreiche Ratgeberliteratur gaukelt einem vor, man müsse nur ständig positiv mit sich selbst reden, sich über den grünen Klee loben, mit sich als erfolgreich, umwerfend brillant und super-souverän sprechen. Prinzip: Alles ist möglich. Man kann zuvor richtig schlecht gewesen sein, sich in den vergangenen zwei Wochen bei sechs Vorstellungsterminen sechs Absagen geholt haben. Und dann soll man sich am nächsten Morgen vor den Spiegel stellen und sich sagen: „Mir geht es von Tag zu Tag besser „, und schon wird auch alles besser. Man kann sich eine Menge Bücher mit Botschaften dieser Art kaufen oder sie von der Kassette hören: „Ich bin gut... Ich bin erfolgreich... Ich bin selbstsicher" und so weiter. Versucht man, diese Strategien im Alltag umzusetzen, wird man oft feststellen, daß es richtig schwierig wird, daß einem nach allem zumute ist, nur nicht danach, sich ausgerechnet jetzt als tollen Sieger darzustellen. Diese Masche vieler sogenannter mentaler Trainingsprogramme nützt kaum jemanden, außer denen, die sie verkaufen.

Was Selbstgespräche ändern können

Zweckmäßig geführte Selbstgespräche sollen Optionen erweitern nicht einschränken. Sie sollen das, was man gerade vorhat oder tut, stützen und nicht stören. Daraus folgt zwanglos, daß man durchaus auch schimpfen darf. Es gibt Situationen, in denen man zur Klärung des Nebels, der über der individuellen Sicht der Dinge liegt, sehr hart mit sich ins Gericht gehen kann und soll, ohne daß dadurch psychischer Schaden angerichtet oder man gar daran gehindert würde, zielbezogen we¹ terzukommen. Auf der anderen Seite gibt es Situationen, in d⁻ nachsichtig, einfühlsam und unterstützend mit sich zieren sollte.

Im Alltag kann man Selbstgespräche vor alleɪ setzen, in denen sie stützend und systematisch r nen: zur Veränderung oder Stabilisierung der

- **Befindlichkeit**, der
- **Motivation** und der
- **Handlungsstrukturierung**.

Unsere **Befindlichkeit** – also die Art und Weise, wie wir uns im Moment selbst erleben – ist eine Eigenleistung. Ob man sich genießend oder angewidert, ruhig oder aufgeregt, schlapp oder wach fühlt, hängt stark davon ab, welche Melodie man mit seinem Selbstgespräch anschlägt.

Denken sie mal ans morgendliche Aufwachen. Ein häufiges Selbstgespräch nach dem Summen des Weckers ist ein unwirscher Einwortsatz, ganz nach dem Motto „Morgenstund hat Blei im Rücken." Mißmutig nehmen viele zur Kenntnis, daß dieser womöglich auch noch verregnetete Tag anfängt, daß man zur Arbeit, Uni, Schule muß. Man schleppt seinen Mißmut mit ins Bad, um festzustellen, daß das Gesicht im Spiegel, das gerne mal so alt werden würde, wie es aussieht, einem selbst gehört, und die schlechte Laune setzt sich dann nicht selten über eine Reihe von Stationen den ganzen Vormittag über fort, bis man endlich übers Kantinenessen schimpfen kann.

Warum ist das an manchen Tagen eigentlich so? Es ist eben manches Mal unangenehm, aufzustehen und zur Arbeit zu müssen, und deshalb können Selbstgespräche auch nicht anders ablaufen, werden viele sagen. In Wahrheit aber manipuliert man hier negativ, denn es gibt keinen Grund, warum das Aufstehen etwas Negatives sein sollte. Aufstehen ist keine Krankheit, sondern entspricht dem Rhythmus auf unserem Planeten. Es ist also kein Selbstbetrug, sondern vielleicht eine sinnvollere und zweckmäßigere Sicht der Dinge, wenn man den neuen Tag begrüßt und dankbar ist für das Privileg, ihn erleben zu dürfen und aufstehen zu können. Daß das nicht selbstverständlich ist, merken viele erst, wenn sie es nicht mehr können! Und ebenso könnte man sich im Spiegel begrüßen anstatt sich zu verleugnen; unserer positiven Befindlichkeit würde es helfen.

Unsere **Motivation** wird ebenso stark durch Selbstgespräche reguliert wie die Befindlichkeit. Viele haben sich schon in der Situation befunden, daß sie am späten Abend unter Termindruck noch über einer schwierigen Arbeit sitzen mußten. Große Lust hat da niemand mehr – aber man überredet sich selbst (überreden im besten Wortsinn), noch ei Stunden weiterzumachen, um sich danach noch ein Eis oder ein zu gönnen.

1 Das wichtigste Gespräch – mit sich selbst

Zur **Handlungsstrukturierung** setzen viele allerdings erst an, wenn sie bereits an den Rand ihrer Möglichkeiten gelangt sind. Beispielsweise wenn ein Computer, den sie im Moment dringend brauchen, Dinge tut, die ihnen nicht unbedingt weiterhelfen. Zunächst versuchen sie es per Versuch und Irrtum, um dann langsam den Ernst der Lage zu erkennen. Mit dem Zeitdruck steigt die Ambivalenz ihrer Selbstgespräche. Wenn dann, unterbaut von einer Mischung aus Ärger, Hilflosigkeit und Wut, Verzweiflung die Oberhand gewinnt, kippt das Gespräch: „So, jetzt noch einmal, ganz systematisch von vorn, Schritt für Schritt, das muß doch gehen!" Nicht selten geht's dann auch tatsächlich.

Zweckmäßiger und für den ökonomischen Umgang auch mit Streß weiterführender wäre es, zu prüfen, ob man solche drehbuchähnlichen, handlungsstrukturierenden Anweisungen nicht schon viel früher einsetzen könnte, um gar nicht erst in den lähmenden Kreislauf von hoher Beanspruchung, steigender Ermüdung und Fehlerquote sowie sinkender Effizienz mit all dem emotionalen Ballast zu geraten, der dann zwingend in eine Art Verzweiflung führt.

Selbstgespräche sind kein dummes Dahergerede. Versteht man sie als handlungsstützend und -leitend, sollte man sie systematisch trainieren. Sie sollten Bestandteil unseres täglichen Lebens und Arbeitens werden. Wie gesagt: Es geht nicht darum irgendwelche unrealistischen Ziele per Selbstgespräch herbeizureden, sondern darum, die eigenen Leistungsmöglichkeiten realistisch ausspielen zu können, wenn es darauf ankommt. Nehmen wir das Beispiel einer Eiskunstläuferin: Sie hatte, wie wohl jede ihrer Kolleginnen, ihren Problemsprung, der ihr bei der Kür erhebliche Schwierigkeiten bereitete. Wenn sie sich im Training gut und locker fühlte und prima laufen konnte, beherrschte sie diesen Sprung problemlos. Schwierig wurde es jedoch immer dann, wenn es in für sie wichtigen Wettkämpfen darum ging, eine Medaille oder einen guten Platz zu erlaufen.

Ein Teil ihres psychologischen Trainings zur Optimierung ihres Selbstmanagements war die Analyse ihrer Selbstgespräche während der Kür. Gemeinsam habe ich mit ihr die mit dem Problemsprung verknüpften Selbstgespräche hreausgearbeitet. Es zeigte sich, daß sie immer dann, wenn sie zu ihrem Sprung anlief, mit sich über die schlimmen Folgen eines möglichen Patzers sprach: „Jetzt kommt er wieder, oh Gott, hoffentlich klappt's." Die Läuferin sprach mit sich also nicht über das, was in diesem Moment anstand, nämlich die korrekte Ausführung des Sprunges, über das, was hier und jetzt zu tun war, sondern sie befaßte sich mit den Konsequenzen eines eventuell verpatzten Sprungs. Die Reaktion darauf war Verkrampfung, oft sogar Angst. Beides denkbar schlechte Voraussetzungen für eine sehr gute sportliche Leistung.

Ziel unseres Trainings war es, mittels Selbstgespräch die Aufmerksamkeit auf die konkreten Handlungsanweisungen und auf die notwendigen Technikelemente zu richten. In einem ersten Schritt wurden die nötigen Handlungsschritte für den perfekten Sprung festgelegt: Zunächst ging es also ausschließlich um die wichtigsten Punkte, die „Knotenpunkte" der Handlung bei dem Sprung. Diese einzelnen Handlungsschritte wurden dann soweit verdichtet, daß sie während des Anlaufs zum Sprung gesprochen werden konnten. Es ging um kurze Formulierungen wie „Tiefes Anlaufen ... Einhaken mit dem Schwungbein ... Explosive Einleitung der Rotation."

Das war aber noch immer nicht optimal, weil sich herausstellte, daß diese Formulierungen zuviel Zeit in Anspruch nahmen. So gingen wir im nächsten Schritt zu einer Kurzform über: „Tief ... ein ... wusch". „Tief" als Symbolik für tiefes Anlaufen, „ein" für das Einhaken mit der Schlittschuhspitze des Schwungbeins ins Eis und „wusch" als Formulierung für die einzuleitende Drehung. Wesentlich war nun, daß diese Formulierungen die alten Negativsätze ersetzten, und daß die Kurzform schon im Training permanent mit dem Sprung verknüpft und systematisch eingeübt wurde. Und es klappte.

Selbstgespräche laufen in vielen Gewändern. Beim wettkampfmäßigen Eiskunstlauf mit der dafür notwendigen fragmentarischen Formulierung, aber auch, wenn Sie im Wald spazierengehen und mal eine Stunde, von mir aus auch laut, über ein Problem mit sich selbst reden.

2 Vorstellungen regulieren – die Macht innerer Bilder

Stellen Sie sich einmal vor … . Wieviele Sätze beginnen so. Vorstellungen sind einflußreiche und präsente Kräfte in uns. Denken Sie einmal darüber nach, ob Ihnen bei allem, was Sie so erleben, überhaupt etwas widerfährt, von dem und über das Sie nicht irgendeine Vorstellung haben. Es werden Ihnen da nur wenige Begebenheiten einfallen, die überraschend auf Sie zugekommen sind. Sie treffen unvermittelt einen alten Freund, oder Sie stolpern und schlagen sich das Knie auf – beides hatten Sie nicht unbedingt erwartet, als Sie am Morgen das Haus verließen. In vielen Situationen arbeitet man das, was auf einen zukommt, schon probehalber im Kopf durch, macht sich seine Bilder, seine Vorstellungen, wie alles ablaufen könnte: das Fußballspiel der Firmenmannschaft, der Segeltörn, das Golfspiel am Samstag, der Zahnarzttermin, das Pop-Konzert, der Besuch im neueröffneten französischen Restaurant. Und wenn das Erlebte dann nicht mit dem übereinstimmt, was wir uns vorher im Sinne des Wortes ausgemalt hatten – man „malt" sich seine Vorstellungen geradezu aus! –, sagen wir: „So habe ich mir das aber nicht vorgestellt."

Sie sehen also, in diesem Bereich können wir den ansonsten so famosen Computer vergessen, Virtual Reality gibt es schon, seit es Menschen gibt. Der Unterschied zum Computer liegt darin, daß wir mit der Welt der Vorstellungen nicht eine vorgefertigte Virtual Reality haben, sondern eine mit Milliarden Facetten, eine, die mit Phantasie grenzenlos neu kreiert werden kann.

Vorstellungen als Prüf- und Führungsgrößen

Nun ist es nicht nur so, daß wir uns per Vorstellung ein Bild machen und dann vergleichend sehen, wie sich das wahre Leben in der entsprechenden Situation darstellt. Vorstellung und Situationen, in denen wir handeln, stehen in engster Wechselbeziehung – und weil die Vorstellungen immer vor-gestellt sind, kommt ihnen bei dem, was wir tun, große Bedeutung zu: Die Vorstellung beeinflußt das, was wir nachfolgend erleben und erfahren, und umgekehrt. Sie beeinflußt unser Handeln, unser Können, unser Auftreten – und damit auch das Handeln der anderen Menschen, mit denen wir in der Situation zu tun haben. Damit wir als Kinder keine angstvollen Vorstellungen von Prüfungen aufbauten, die uns dann in der Situation blockiert hätten, sagten uns die Eltern früher: „Stell dir einfach vor, die Prüfer würden in Unterhosen dasitzen." Kein schlechter Tip, macht er doch deutlich, daß Vorstellungen um so wirksamer sind, je bildhafter wir sie ausmalen – die Wirksamkeit der Hypnose zum Beispiel gründet sich fernab aller logischen Gedankenketten im wesentlichen auf die Macht der Bilder.

Vorstellungen, verstanden als interne Repräsentation von Wirklichkeit, sind also wichtige Prüf- und Führungsgrößen für unser gesamtes Tun und Lassen. Man versucht in der Regel, im Einklang mit seinen Vorstellungen zu handeln, beim Kleiderkauf ebenso wie beim Essen oder Arbeiten. Vorstellungen beziehen sich nicht nur auf spezifische kommende Situationen wie etwa einen Geschäftstermin, sondern wir haben auch Vorstellungen, die sich im Laufe unseres Lebens langsam entwickelt haben und uns in Permanenz begleiten. So hat jeder seine eigene Vorstellung davon, was Hygiene ist, wie man sich kleiden, wie man sich verhalten muß. Solche grundsätzlichen Vorstellungen sind mit den aktuellen Vorstellungen verzahnt: Wenn Sie in ein wichtiges Treffen gehen, stellen Sie sich vorher den möglichen Ablauf vor, bringen auch alle ihre über die Jahre geprägten persönlichen Vorstellungen mit ein, wie man sich in einem Meeting zu verhalten hat, an dem wichtige Vorgesetzte teilnehmen. Das sind Vorstellungen, die durch Erfahrungen geprägt wurden; durch neue Erfahrungen können sie modifiziert werden. Man wirft dann alte, verstaubte Vorstellungen über Bord, man löst sich von ihnen – denken Sie nur an die Mode oder daran, wie Sie über Bilder von vor fünfzehn Jahren lachen!

Man hat gelernt, sein Handeln und die Dinge, mit denen man zu tun hat, mit bestimmten Vorstellungen zu assoziieren. Spinnen sind für viele eklig, Natur ist gesund, Sport macht fit, und Kaviar mit Champagner ist Ausdruck feiner Lebensart. Vorstellungen sind aber nicht ein für allemal festgelegt, sondern einem Wandel unterworfen; man denke nur an die Mode oder den Wandel im Kulinarischen. Vor hundert Jahren hat man zu Austern Süßwein getrunken, heute kann der Weißwein nicht trocken genug sein. In den Sechzigern waren Herrenhosen hauteng geschnitten, heute bewegt sich der Mann in Großraumhose und XXL-Hemd. Man hat heute andere Vorstellungen von den Aufgaben der Kirche, und auch darüber, welche berufliche Entwicklung Mädchen und Frauen nehmen sollten, haben sich die Vorstellungen in den vergangenen hundert Jahren drastisch gewandelt. Und wenn heute der 17jährige Sohn seine Freundin mit nach Hause bringt, darf die auch in seinem Zimmer übernachten – vor 40 Jahren noch ein Skandal. Diese grundsätzlich geänderten Vorstellungen beeinflussen auch unsere individuellen Vorstellungen von einzelnen Situationen, in die wir uns begeben.

Die Macht der Vorstellungen

Was bedeutet das für die Ich-Ressourcen-Ökonomie im Selbstmanagement? Zunächst einmal müssen wir differenzieren zwischen zweckmäßigen und unzweckmäßigen Vorstellungen. Der amerikanische Psychologe Ellis hat in den Grundzügen seiner rational-emotiven Therapie die Macht der Vorstellungen betont, auch und gerade die der ganz unzweckmäßigen wie

- **Muß-Denken**
  Übersteigern von Vorlieben und Wünschen in absolute Bedürfnisse und Forderungen. Man begibt sich mit völlig übersteigertem Aufwand auf die Suche nach drei Fliesen, die im Bad ersetzt werden müssen, damit ja das Gesamtbild nicht gestört wird.

- **globale, negative Selbst- und Fremdbewertung**
  Undifferenzierte Bewertung der eigenen Person („Ich Idiot!") und anderer. Insbesondere in Streßsituationen.

- **niedrige Frustrationstoleranz**
  Die Wahrnehmung fehlender Bewältigungsmöglichkeiten angesichts von Schwierigkeiten. Man sieht vor lauter Bäumen den Wald nicht mehr.

- **Katastrophendenken**
  Eine Verzerrung der Bedeutsamkeit oder des Ausmaßes negativer Ereignisse. Weil die vom Zahnarzt eingesetzte Krone eine Farbnuance von der antizipierten abweicht, denkt man, so nie mehr unter Leute gehen zu können.

Diese negativen Denk- und Vorstellungsmuster wirken als zusätzliche Beanspruchungen und Erschwernisse für unser Tun und Handeln. Warum sollte man sich das antun? (Sie kennen den – wirklich guten –

Ratschlag: „Mach's dir nicht schwerer, als es ist.") Zweckmäßige Vorstellungen dagegen unterstützen und entlasten das Handeln. Mit zweckmäßigen Vorstellungen können wir in Form von Probehandeln im Kopf wirksame Vorgehensweisen für den Umgang mit uns selbst und der Welt entwickeln.

Wenn Vorstellungen im strategischen oder funktionalen Sinne eine Wirkung als Prüf- und Führungsgröße für unser Handeln haben, folgt daraus zwingend, daß wir bei unseren Vorstellungen ansetzen müssen, wenn wir unser Handeln grundlegend ändern wollen. Die Änderungsmöglichkeiten gehen in zwei Richtungen:

- **Optimierung** und
- **Modifikation.**

Die **Optimierung** von Vorstellungen ist immer dann fällig, wenn die Vorstellungen zu unklar, undifferenziert, unspezifisch sind; **Modifikation** ist dann nötig, wenn die Vorstellungen uns daran hindern, zum definierten Zeitpunkt optimal zu handeln – oder wenn sie schlichtweg unzweckmäßig und unrealistisch sind.

Mentales Training per Drehbuch

Vorstellungen sind für viele Menschen so etwas wie ein wildes Gestrüpp im Kopf, schwer zu steuern, schwer zu bändigen. Man hat die Bilder von den Dingen nicht im Griff, sie übermannen einen oft, trotz bester Absichten, nur mit zweckmäßigen Vorstellungen zu arbeiten, weil man eingesehen hat, daß man nur so optimal handeln kann. Wir brauchen also eine klare Form des Trainings, um über die **Modifikation** von Vorstellungen die Voraussetzungen unseres Handelns zu optimieren. Das **Mentale Training** ist hier das Steuerinstrument, Vorstellungen, zu strukturieren und sie differenzierter und spezifischer auszugestalten, um zu differenziertem und spezifischerem Handeln zu gelangen.

Mentales Training läuft in vier Schritten ab:

1. Schritt: Erstellen eines Drehbuchs
Wie Filmschauspieler bestimmte Handlungsabläufe entsprechend dem vorgegebenen Drehbuch gestalten, kann man auch für sich selbst Drehbücher für diejenigen Handlungsabläufe entwickeln, die einem immer wieder unnötige Beanspruchungen und Belastungen aufbürden.

2 Vorstellungen regulieren – die Macht innerer Bilder

2. Schritt: Drehbuch vergegenwärtigen

Man vergegenwärtigt sich sein Drehbuch, um sich dann strikt entlang seiner Vorgaben zu bewegen. Nehmen wir als Beispiel eine Situation, die viele mental als außerordentlich beanspruchend erleben, nämlich vor vielen Menschen einen Vortrag zu halten. Das Drehbuch, mit dem man versucht, sich per Mentalem Training auf diese Beanspruchung vorzubereiten, würde die einzelnen Handlungsschritte für eine sichere und überzeugende Rede beinhalten. Man erstellt dieses Drehbuch wie ein Drehbuchautor und läßt sich dann auf diesen inneren Film ein.

3. Schritt: Drehbuch wiederholt durchspielen

Das Drehbuch wird nun wieder und wieder im Kopf durchgespielt, indem man sich in seiner Vorstellung bildhaft und realistisch in die Situation versetzt, sich das Publikum vorstellt, sich selbst mit seinem Manuskript im Scheinwerferlicht stehen sieht. Man stellt sich konkret vor, wie man dasteht, nämlich ruhig und entspannt auf beiden Beinen. Dem Anblick all der Menschen im Saal weicht man nicht aus, sondern sieht das Publikum fest an, versucht es, zu überschauen, mit dem „Augengriff" zu erfassen. Entsprechend der sachlichen Vorbereitung der Rede hat man sein Manuskript vor sich liegen, um dann möglichst entspannt mit einem auswendig gelernten Einführungssatz zu beginnen. Anschließend läßt man die Rede in seiner Vorstellung ohne Verkrampfung weiterfließen.

4. Schritt: Das Drehbuch unter zunehmend realistischeren Bedingungen durchlaufen lassen

Nun kommt die Feinarbeit. Wir handeln jetzt nicht mehr nur Probe im Kopf, sondern greifen einzelne Elemente in der Realität auf. Das heißt, wir festigen unsere Vorstellungen über die Konfrontation mit kleinen Realsituationen – ein enorm wichtiger Schritt, damit wir später in der realen Situation den mentale Schatz, den wir uns geschaffen haben hervorholen können. Um sich zum Beispiel an den Blick in eine große Menschenmenge zu gewöhnen, kann man sich im vollbesetzten Kino in die erste Reihe setzen, sich vor Filmbeginn umdrehen (am besten sogar aufstehen), um dann aushalten zu müssen, daß einige hundert Menschen gegen die eigene Richtung schauen. Eine andere Trainingsmöglichkeit besteht darin, beim Eintritt in ein gut besetztes Lokal einige Sekunden stehenzubleiben und sich vorzustellen, man würde vor den Menschen, die dort sitzen, eine Rede halten.

Ein grundlegend wichtiges Prinzip für den Erfolg des Mentalen Trainings ist gerade die zunehmende Annäherung an immer realistischere Bedingungen im Laufe des Trainingsfortschritts.

Die meisten Menschen unterschätzen ihr Potential, weil sie sich nie vorgestellt haben, es ganz auszuschöpfen, weil sie den ökonomischen, optimalen Umgang mit der Ressource Ich nicht gelernt haben. Wer sein Potential unterschätzt, bewegt sich in engen Grenzen. Es gilt also, in Ruhe erst einmal zu erkennen, daß das Jackett des eigenen Potentials erheblich weniger eng ist, als man geglaubt hat, daß man weit mehr Bewegungsspielraum hat. Diesen sollte man ausschöpfen, eben bis an die eigenen realistischen Grenzen.

Etwas ändern; aber sich nichts vormachen

Ich will hier nichts vormachen: Das Ändern von Vorstellungen, auch dann, wenn man es systematisch trainiert, ist keine einfache Angelegenheit. Das ist wie wenn man einen großen Garten ausmistet, der vielleicht zehn Jahre lang von niemandem mehr betreten wurde und völlig verwildert ist! In ähnlicher Weise sind über Jahre und Jahrzehnte Vorstellungen in uns gewachsen und haben tiefe Wurzeln geschlagen. Und weil wir die erworbenen und stabilisierten Vorstellungen schon so lange in uns tragen, verteidigen wir sie auch, bewußt oder unbewußt, aber meist sehr vehement.

Man wirft seine alten Vorstellungen nicht so leicht über Bord. Oft hält man sie wider besseres Wissen aufrecht, verteidigt sie nicht selten wie Bunker, nur um sich nicht eingestehen zu müssen, daß man falsch gelegen hat.

Stellen Sie sich vor, Sie würden in Ihrem Beruf eine Arbeit durchführen, die Sie schon seit Jahren routiniert bewältigen. Und ein neu in die Firma gekommener Vorgesetzter tritt zu Ihnen, beobachtet Sie und fragt dann: „Machen Sie das immer so?" Auf Ihre Antwort: „Ja, eigentlich schon." sagt er: „Das ändern Sie aber ab morgen." Ob diese Aufforderung gerechtfertigt ist oder nicht, steht dabei zunächst nicht im Vordergrund, sondern das Erleben, daß Sie ganz schön zu kauen haben, wie übrigens die meisten in solch einer Situation.

Mit Ihren Einsichten über unzweckmäßige Vorstellungen und der Erkenntnis, daß es dennoch ein hartes Stück Arbeit sein wird, sich von

2 Vorstellungen regulieren – die Macht innerer Bilder

alten Gewohnheiten zu lösen, sind Sie aber schon ein gutes Stück weiter: Denn jetzt kann man beginnen, die Vorstellungswelt zu renovieren, niemand kann einen hindern außer man selbst. In der Neuro–linguistischen Programmierung gibt es den Begriff des **Reframing**: ein realistischer Perspektivenwandel, der hilfreich ist bei der Änderung der eigenen Vorstellungen.

Zoom- und Heli-Perspektive

Dieser Perspektivenwandel ist eine aktive Eigenleistung, um die viele Zeitgenossen kämpfen beispielsweise, wenn sich das Jahr seinem Ende zuneigt. Sie geraten in panikähnliche Zustände, weil deutlich wird, daß das Jahr in überschaubarer Zeit zu Ende geht. Viele nehmen sich noch alles mögliche für dieses Jahr vor, um dann mit einer Mischung aus Bestürzung und Verzagtheit festzustellen, wie wenige Tage nur noch bleiben. Diese Sichtweise wird noch gestützt durch das, was ich die **Zoom-Perspektive** nenne, also den Blick, den man durch ein Teleobjektiv hat, das bekanntlich Objekte zusammenrücken läßt. Wenn man ein Feld von Rennwagen hintereinander fahrend sich auf ein Teleobjektiv zubewegen sieht, hat man den Eindruck, daß diese Autos förmlich hintereinander kleben, so scheinen einem die Tage gegen Jahresende. Diese erlebte Verdichtung kann durchaus motivationshemmend sein. Der Perspektivenwandel würde nun darin bestehen, eine Hubschrauber- oder wie ein schweizer Freund sagte eine **Heli-Perspektive** einzunehmen, das heißt vor seinem geistigen Auge über diese Tage zu schweben, um dann festzustellen, daß zwischen den einzelnen Tagen, die in der Zoom-Perspektive so eng beieinander liegen doch noch genügend Zeit ist bei guter Einteilung in aller Ruhe das eine oder andere noch zu bewältigen. Vielleicht läßt sich dadurch die aufkeimende Panik schon im Ansatz ersticken.

Gelegentlich ergibt sich dieser Perspektivenwandel auch von selbst, manches Mal aber erst durch krisenhafte, kritische Lebensereignisse. Schon viele Herzinfarktpatienten sind zur Rehabilitation aus dem Krankenhaus entlassen worden und haben sich geschworen, in Zukunft gesünder zu leben, sich häufiger zu bewegen, weniger Fett zu essen und Streß und Nikotin zu meiden. Sie schaffen sich nicht selten eine grundsätzlich neue Perspektive, einen neuen Rahmen. Um dann am Ball zu bleiben und nicht wieder zurückzufallen, muß man beim mentalen Arbeiten an dieser Vorstellungs- und Perspektivenlandschaft Energie aufwenden. Geben Sie sich Zeit für den Perspektivenwechsel und für das „Ausmalen" Ihrer Bilder mit dem Titel „Neue Vorstellungen".

3 STÄRKEN UND SCHWÄCHEN –
WORAUF MAN SICH VERLASSEN SOLL

Jeder hat Stärken und Schwächen und glaubt sie auch zu kennen. Sie zu kennen heißt aber noch lange nicht, sie zur optimalen Nutzung persönlicher Ressourcen angemessen einzuschätzen und zu gewichten. Die Stärken weiter zu entwickeln, die Schwächen nicht zu verdrängen, sie auch nicht zu überschätzen, sondern sie anzugehen und in ein positives Bild von sich selbst zu integrieren, ist ein Prinzip mit positiven Auswirkungen auf die Ressource Ich auch bei schwierigen Anforderungen.

Regen im Hohen Atlas

Vor einigen Jahren bin ich mit drei Freunden per Motorrad durch den Hohen Atlas in Marokko gefahren. Wir wurden von starkem Regen überrascht, eine nicht ungefährliche Sache: Die steinhart ausgetrockneten Lehmwege verwandelten sich binnen Minuten in schmierige Rutschbahnen, schlimmer als Schnee. Es kam, wie es kommen mußte: Einer von uns rutschte in einen Graben. Wir stellten die Motorräder ab und betrachteten das ganze Elend. Dann fielen zwei für solche Situationen sehr typische Sätze: „Jetzt müßte man ein Seil haben" und: „Hoffentlich läuft die Maschine wieder." Wir hatten weder ein Seil, noch war zu dem Zeitpunkt absehbar, ob die Maschine wieder laufen würde.

Das ist ein Beispiel dafür, wie man in schwierigen Situationen oft Energie verschwendet: Man denkt an das, was man nicht hat, und macht sich Sorgen um mögliche Konsequenzen, die zentnerschwer auf dem im Moment notwendigen Tun lasten. Die Gedanken sind davon geradezu absorbiert. Wo rasches, klares Denken und Handeln angesagt wären, ist man wie gelähmt. Im großen Bogen umkreist man die aktuelle Anforderung, statt hier und jetzt mit den hier und jetzt zur Verfügung stehenden Mitteln zu handeln.

Es stellt sich die Frage, ob es in solchen, aber auch in den vielen kleinen, alltäglichen Beanspruchungs- und Streß-Situationen, nicht ökonomischer wäre, sich genau auf das einzustellen, was man vorfindet, was man, wenn ein Problem eingetreten ist (die Autopanne, der verpaßte Flieger ...), hier und jetzt als Bewältigungspotential zur Verfügung hat und auf das, was man realistischerweise an Ressourcen noch herbeischaffen könnte. Was habe ich jetzt und hier an Stärken zur Verfügung? Wie muß und kann ich sie eventuell ergänzen und einsetzen, um das Problem zu lösen, um in dieser Situation optimal zu handeln?

Stärken helfen weiter

Denken Sie an das vorhergehende Kapitel über die Vorstellungen, die sich seit Jahren in uns verfestigt haben. Wie schwer ist es, sie zu ändern – aber auch gelegentlich wie notwendig. Sicher ist auch dies ein eingeschliffenes Muster, das wir im Laufe unserer Erziehung und Sozialisation zu beachtlicher Persistenz verinnerlicht haben: Sei stets deiner Schwächen eingedenk! „Memento mori!" „Glaube nie, du hast es, es könnte noch viel schlimmer kommen." Viele haben gelernt, sich förmlich in Problemen und Schwächen zu suhlen. Vor dem Hintergrund eines christlichen Weltbildes und Werthorizonts haben sie uns schon mit der Muttermilch eingegeben, daß wir alle schuldbeladene Sünder im Jammertal Erde seien. Dieses Diktum stammt von einer vordemokratischen, seit Jahrhunderten höchst einflußreichen Institution, in der Legislative, Judikative und Exekutive aus langer Tradition nicht getrennt sind. Wir können machen, was wir wollen: Im christlich-kirchlichen Blickwinkel sind und bleiben wir Sünder und Schuldige bis ins Grab.

Das kann nicht gut sein für das Selbstbewußtsein. Denn das Kapital für das Leben, das Überleben, das Lösen von Problemen, das Überwinden von Krisen heißt: Das einsetzen, was wir haben, nämlich unsere Stärken, und nicht über das zu lamentieren, was wir nicht haben und nie bekommen werden. Besinne dich auf das, was du an Kraft und Stärken hast und setze es ein – etwas anderes bleibt dir nicht für das reale Leben. Werde, wer du bist.

Nehmen Sie bitte jetzt einmal ein Blatt Papier und teilen Sie es mit einem Längsstrich in zwei Hälften. Auf die linke Hälfte schreiben Sie nun alle ihre Schwächen, alles was Sie nicht können. Egal, wieviele Instrumente Sie spielen, wieviele Sprachen Sie sprechen, wieviele Bücher Sie gelesen, wieviele Reisen Sie gemacht haben und wieviel Sport Sie getrieben haben: Es bleibt immer noch eine unendlich lange Liste an Dingen, die man nicht tut, nicht hat, nicht beherrscht. Sokrates soll es gesagt haben: „Ich weiß, daß ich nichts weiß." Er war alles andere als ein unreflektierter Mensch oder gar ein Dummkopf.

Wir kommen bei den Schwächen, die wir uns zuschreiben, also an einen Punkt, an dem wir erkennen müssen, daß wir sie gar nicht aufarbeiten können, selbst wenn wir es wollten. Schreiben wir uns in unserer Schwächen-Liste vorwurfsvoll mehrere Dinge auf, können wir sie zwar abarbeiten, erzeugen aber damit gleich neue. Jedes gelöste Problem schafft zusätzlich neue ungelöste. Viele Menschen zum Beispiel wollen ihren Reichtum ins Unermeßliche steigern, nur um dann festzustellen, daß man Glück nicht kaufen kann. Warum gibt es so viele millionenschwere und berühmte Hollywood-Stars, die von einer Entziehungsklinik und Psychotherapie zur anderen wandern?

Die Selbstbewußtseins-Falle

Ruhm, Bedeutung, Geld – alles wunderbar, und dennoch sitzt man, nachdem man doch so hart daran gearbeitet hat, die Schwächen zu überdecken, voller Schwächegefühle in der Selbstbewußtseins-Falle. Der einzige Weg, der hinausführt, liegt auf der anderen Seite des Blattes – besinne dich auf deine Stärken, auf das, was du hast und kannst. Nehmen Sie also Ihr Blatt Papier und schreiben Sie jetzt auf die rechte Hälfte alle Ihre Stärken, alles, was Sie haben, was Sie können.

Diese Liste wird vermutlich recht übersichtlich bleiben, keinesfalls unendlich lang. Bevor Sie jedoch der Versuchung erliegen, bloße Wunschträume als Stärken zu notieren, vergewissern Sie sich bitte, ob die aufgeschriebenen Stärken der gesellschaftlichen Realität entsprechen, ob Sie sie gegenüber Ihrer Umgebung überzeugend vertreten könnten. Ein Geschäftsführer etwa, der sich selbst als glänzenden Rhetoriker einstuft, sollte prüfen, ob diese Stärke andere auf gleicher oder höherer Führungsebene genauso erleben.

Nun haben Sie zwei Listen auf dem Blatt. Wie geht es weiter? Heißt es denn nicht immer, man solle an seinen Schwächen arbeiten? Sollte man sie nicht wegtrainieren, so wie im Fitness-Studio überflüssige Pfunde? Sicherlich ja; aber mit Bedacht. Mit einem anderen Zugang, als Sie ihn vielleicht gewohnt sind. Viele machen den Fehler, die Aufarbeitung ihrer Schwächen überwiegend defizitorientiert anzugehen. Die Rede ist von dem, was man falsch macht. In der Schule haben wir das alle kennengelernt, und auch im Leistungssport wird nach meiner Erfahrung überwiegend in dieser Form gecoacht. Diese Art des Umgangs mit Schwächen bringt aber nicht viel: Damit, daß ein Lehrer, Trainer, eine

Mutter oder ein Vater ihren Schützlingen vor Augen führen, was sie nicht haben und nicht können, steigern sie nicht deren Selbstbewußtsein, sondern allenfalls ihre Sensibilität für alles, was sie nicht haben und vielleicht nie erreichen werden.

Defizitorientiert vorzugehen führt nicht weiter, genausowenig wie Schwächen zu verleugnen, denn das könnte zu einem traumtänzerischen Weltbild führen, mit dem man Beanspruchungen erst recht nicht begegnen könnte. Schauen Sie sich Ihr Blatt Papier an und vergessen Sie nun die trennende Linie zwischen den beiden Listen Ihrer Schwächen und Stärken. Denn ein Weg besteht darin, beide in Bezug zueinander zu bringen.

Selbstverständlich müssen wir an einigen Schwächen arbeiten; aber immer in Bezug zu den Stärken. Wir binden die Schwäche ein, um die vorhandene Stärke auszubauen. Ein Beispiel: Ein Geschäftsmann hat Schwächen in der englischen Sprache, das – für ihn notwendige – Business English geht ihm nicht leicht über die Lippen. In entsprechenden Situationen fühlt er sich deswegen unsicher und denkt: „Gerade jetzt müßte ich besser Englisch können, hoffentlich fällt es nicht allzusehr auf." Er thematisiert seine in diesem Moment nicht lösbaren Defizite, und das genau dann, wenn er alle Ressourcen einsetzen müßte, um zielführend Anforderungen zu bewältigen. Zweckmäßiges Vorgehen dagegen wäre in dieser Situation, sich seiner Stärken zu vergewissern, zum Beispiel in der aktuellen Situation seinen Charme und sein Geschick im sozialen Umgang auszuspielen, und diese Stärke in Zukunft noch mit einer Verbesserung der Englischkenntnisse auszubauen.

Das Prinzip heißt also, sich auf die Stärken – unser Kapital – zu fokussieren und zu sehen, wo ein Bezug zu den Schwächen vorhanden ist, diese Schwächen abzubauen und damit die im Fokus stehenden Stärken auszubauen. Stellt man dagegen die Schwächen in den Mittelpunkt, rutschen die Stärken sozusagen in den blinden Fleck des eigenen Sehfeldes. Bei solcher Befangenheit kann Selbstbewußtsein nicht gedeihen, weil alle anderen positiven Eigenschaften und Züge, gewissermaßen der Positivsaldo auf dem persönlichen Konto, Gefahr laufen, übersehen zu werden.

Sport als Modell

Sport ist ein lehrreiches, modellhaft verdichtetes Feld, in dem man die mentale Entwicklung der Ressource Ich durch Erarbeiten eigener Stärken verdeutlichen kann.

Nach meiner Erfahrung passiert es häufig, daß Athleten im Training durchaus ihre Leistung erbringen, in Wettkampfsituationen dann auch ihre körperlichen, technischen und taktischen Leistungsvoraussetzungen parat haben, aber urplötzlich das Elementarste verlieren: die Überzeugung von deren Wirksamkeit – das Selbst-bewußt-sein. In diesem Zusammenhang spricht man dann von einem Trainingsweltmeister. Ein junger Schwimmer zum Beispiel zeigte im Training regelmäßig hervorragende Leistungen. Die Trainingsgestaltung schien optimal, da der Trainer gute Fortschritte und eine entsprechende Leistungsentwicklung feststellen konnte. Auch an Konzentration und Motivation war im Training nichts auszusetzen, alles lief vorzüglich. Jedesmal wenn der Schwimmer jedoch zu einem Wettkampf antrat und die Wettkampfatmosphäre spürte, seine Konkurrenten und all die Zuschauer sah, verlor er schlagartig seine Ausgeglichenheit. Er begann, an sich selbst zu zweifeln, war nicht mehr davon überzeugt, daß er seine im Training erworbene Leistungsfähigkeit optimal würde umsetzen können und erreichte auch tatsächlich nicht sein im Training gezeigtes Leistungsniveau.

Die Überzeugung in die eigene Kompetenz

Wirklich trainiert, auch für die Bewältigung von Situationen mit hoher Beanspruchung, ist man also erst, wenn die Überzeugung von der Wirksamkeit des eigenen Handelns, die **Kompetenzüberzeugung**, auch für schwierigste Situationen eingeübt worden ist.

Kompetenzüberzeugung erwächst aus vier Wurzeln, aus

- der **eigenen Erfahrung**,
- der **stellvertretenden Erfahrung**, das heißt dem, was man bei anderen beobachtet hat,
- der **sprachlichen Überzeugung**: „Ich bin überzeugt ..." und
- der **physiologischen Erregung**.

Das Konzept der Kompetenzüberzeugung ist eng mit dem Namen Bandura (*Bandura, A.*: Self-Efficacy: Toward a Unifying Theory of Behavioral Change. Psychological Review, 84 (1977) 191-215) verknüpft. In den siebziger Jahren konnte er mit seinen Untersuchungen nachweisen, daß das Handeln von Personen vor allem von deren Wirksamkeits-Erwartungen oder Kompetenzüberzeugung beeinflußt wird. Positive und/oder negative Erwartungen hinsichtlich der Wirksamkeit des eigenen Handelns bestimmen darüber, ob zum Beispiel in einer Beanspruchungssituation eine Handlung eingeleitet, wieviel Anstrengung dafür aufgewendet und wie lange sie aufrechterhalten wird.

Wie stark der Einfluß von Kompetenzüberzeugung auf das Handeln ist, hängt natürlich davon ab, wie hoch der Anspruch der betreffenden Person ist, wie sehr sie bereits vor dem Handeln von ihrer Wirksamkeit überzeugt ist. Außerdem besteht eine Wechselwirkung zwischen der konkreten Anforderungssituation, das heißt, der subjektiven Wahrnehmung der eigenen Aktivität im Moment der Handlungsausführung, und den oben genannten Erwartungen. Meine Erfahrungen mit Spitzensportlern decken sich mit den Erkenntnissen von Bandura: Motivation und mentale Stabilität sind dann gegeben, wenn einer vor der selbst- oder fremdgestellten Anforderung selbstbewußt und sicher auf seine Stärken besinnen kann. Denn Stärken sind ja nur dann Basis von Erfolg, wenn sie im Moment des Einsatzes nicht blockiert sind. Im Sport nennt man das Wettkampfstabilität.

Sportler beispielsweise, die auch in schwierigen Anforderungssituationen auf die Überzeugung von der Effektivität des eigenen Handelns bauen, müssen

- eine tiefgreifende **Überzeugung** von den eigenen Fähigkeiten und Fertigkeiten besitzen,

- selbst- oder fremdgestellte Anforderungen **angemessen einschätzen** können,

- in der Lage sein, sich die optimale Leistung zum geforderten Zeitpunkt **zuzutrauen** und sie in der Regel auch zu erbringen, das heißt *jetzt*, nicht vielleicht morgen oder übermorgen,

- unter voller Anstrengungsbereitschaft auch in schwierigen Anforderungssituationen ihre innere Organisation mit Blick auf den **optimalen Bewegungsablauf** aufrechterhalten können.

Durch hartes Training und Drill alleine mit dem Ziel, die für sportliche Techniken nötigen Verhaltens- und Handlungsmuster zu erlangen, läßt sich solche Wettkampfstabilität, die optimale Leistung zum definierten Zeitpunkt, nicht erreichen. Um sie zu entwickeln, muß man gleichzeitig die stabile Kompetenzüberzeugung aufbauen, daß die Fähigkeiten und erworbenen Fertigkeiten ausreichen, um auch unter höchster Beanspruchung bestehen zu können. Es gilt im Training also ständig die **Überzeugung** zu verbessern, daß die erworbenen motorischen, technischen und taktischen Voraussetzungen unter allen denkbaren Bedin-

3 Stärken und Schwächen – worauf man sich verlassen soll   85

gungen realisierbar sind. Denn das erste, was sich verabschiedet, wenn man in schwierige Anforderungssituationen kommt, ist die Überzeugung, daß man gut genug ist zu bestehen, daß die Stärken ausreichen.

Diese Überzeugung ergibt sich aus der erlebten Sicherheit, daß die zur Verfügung stehenden Handlungen und Handlungsmöglichkeiten im Sinne der vorgesetzten Zielgebung wirksam sein können. Das gilt auch für das Alltags- und Berufsleben.

Vom Training zum Ernst des Lebens

Meine Erfahrung hat mich gelehrt, daß viele unter psychischem Druck deshalb Scheitern, weil sie falsch trainieren – im Sport wie im Beruf. Training, das Kompetenzüberzeugung fördert, muß im Sport wettkampfnah sein, im Beruf berufsnah. Um das leisten zu können gilt es Merkmale von Ernst-Situationen herauszuarbeiten. Es sind drei:

- Wettkampfsituationen beziehungsweise Ernst-Situationen sind **nicht wiederholbar**, sie sind einmalig.
- Sie gehen immer (bewußt oder unbewußt) mit einer **Prognose**, also einer Vorhersage über das erwartete Ergebnis, einher, was vor allem daran zu erkennen ist, daß Athleten nach dem Wettkampf oder Lieferanten nach einer Präsentation erfreut, zufrieden, enttäuscht sind („Ich habe mein Ziel heute leider nicht erreicht … .")
- Schließlich ziehen sie immer **Konsequenzen** nach sich, sei es in materieller oder ideeller Hinsicht.

Vor diesem Hintergrund habe ich drei Varianten eines **Trainings der Kompetenzüberzeugung** entwickelt (*Eberspächer, H.*: Mentales Training. (4. Aufl.) Sportinform. Unterhaching, 1995.):

- das **Prognosetraining**
- das **Training der Nichtwiederholbarkeit**
- das Prognosetraining und das Training der Nichtwiederholbarkeit mit **Zeitverzögerung**.

Bevor ich darauf genauer eingehe, möchte ich noch auf einige Mißverständnisse in diesem Zusammenhang hinweisen, denen viele immer wieder aufsitzen.

Jeder Schuß ein Treffer

Trainingswirksame psychische Beanspruchung vermeidet man gänzlich, indem man *zuerst* etwas tut – und erst *danach* das Ziel festlegt, das man erreichen wollte. Das ist so ähnlich wie mit dem Mann, der ins Taxi steigt und auf die Frage des Taxifahrers, wohin es denn gehen soll, antwortet: „Fahren Sie zu, egal wohin, ich werde überall gebraucht ... ." Irgendwo angekommen, wird er sich sagen: „Prima, geschafft, genau da wollte ich hin." Wenn man nach zwei Kilometern Joggen atemlos aufgeben muß und sich sagt: „Wollte mich heute sowieso nur ein bißchen warmlaufen", wenn man nach einem ergebnislosen Meeting sein Ziel festlegt und sagt: „Alles OK, es sollte ja nur der Kontaktpflege dienen", dann adaptiert man sein Ziel an den jeweiligen Handlungsausgang. Auf diese Weise kann man sich zwar sicher sein, nie Mißerfolge zu haben, man hat sein Ziel ja „erreicht". Man lügt sich aber in die Tasche, umgeht die Probleme, kann aber sein Leben äußerlich auf Erfolg trimmen, auch wenn es kein wirklicher Erfolg ist.

Dieses Verfahren entspricht dem Vorgehen eines Mannes, der seine Treffsicherheit mit Pfeil und Bogen überprüfen will. Er sucht sich eine leere Wand, schießt darauf und malt danach um die Einschlagstelle herum eine Zielscheibe. Er hat genau ins Schwarze getroffen – super, ein Zwölfer!

Abbildung 13: Der Treffer.

Nach dieser Methode werden nicht selten auch Geschäftsberichte erstellt, zum eingetretenen Ergebnis werden die passenden Begründungen nachgeliefert. Ähnlich funktioniert auch der Begründungskrampf vieler Politiker nach einer Wahl.

Auch im Sport ist diese Art des Trainings zwar weit verbreitet aber nicht weiterführend. Nur so ist zu erklären, weshalb viele Athleten in Wettkampfsituationen versagen. Sie haben ganz offensichtlich im Training ihre Chance, Erfolg wie auch Mißerfolg zu erleben und sich damit auseinanderzusetzen, nicht genutzt, sondern sich ihre Mißerfolge im nachhinein durch Zielkorrekturen geschönt.

Fünf Schritte zur Stärke

Sowohl die Entwicklung von Stärken nach Erfolg als auch nach Mißerfolg setzen **fünf Schritte** voraus, deren Reihenfolge natürlich nicht verändert werden darf. Man muß

- sich ein **Ziel setzen,**
- dann **handeln,**
- danach **vergleichen**, ob man sein Ziel wirklich erreicht hat oder nicht,
- nun **analysieren**, warum dieses und kein anderes Ergebnis eingetreten ist,
- und **Ziel** gegebenfalls **revidieren oder bestätigen.**

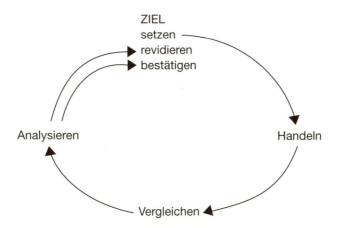

Abbildung 14: Fünf Schritte zur Stärke.

Kompetenzüberzeugung nach Erfolg und Mißerfolg kann man im Training nur dann entwickeln, wenn man *zuvor* ein Ziel setzt und *anschließend* handelt.

Geht man dagegen wie der oben gezeigte Schütze vor, kann man zwar das Risiko und somit die Angst vor einem Mißerfolg vermeiden – der manchmal frustrierende Vergleich des Ergebnisses mit einem vorher gesetzten Ziel entfällt ja. Man kann dann aber keine großen, umfassenden Zielsetzungen verfolgen, denn man muß ja irgendein Ergebnis nachträglich als Ziel deklarieren und akzeptieren. Man lernt dadurch in keiner Weise sich mit dem Risiko des Mißerfolgs auseinanderzusetzen und entsprechende Gegenmaßnahmen zu ergreifen. Und da man sich nur manipulativ in die Tasche geschwindelt hat, kann man auch nicht das schöne Gefühl erleben, sich als Verursacher eines Erfolges zu sehen. Dieses **Erfolgserlebnis** ist aber eine entscheidende Basis zum Aufbau eines Selbstvertrauens, das auf der Überzeugung in den eigenen Stärken gründet.

Für Leistungstests in allen Sportdisziplinen bedeutet das zum Beispiel, daß der Trainer nicht einfach bekanntgeben sollte: „Wir machen jetzt einen Test – jeder gibt sein Bestes, okay?" Stattdessen sollten zuerst Anforderung und Ziel klar festgelegt werden, etwa beim Tennis oder Volleyball: „Zehn Risikoaufschläge"; oder beim Fußball: „Fünf Angriffe des Sturms gegen die Abwehr", wonach jeder Test-Teilnehmer seine Prognose über das Ergebnis abgibt: „Neun von zehn Aufschlägen bringe ich ins Feld"; „Wir schließen drei der fünf Angriffe mit einem Torschuß ab." Diese Prognose – das Commitment – wird schriftlich festgelegt. Danach wird im Test versucht, die Prognose zu erfüllen.

Dieses **Prognose-Training** ist in allen Lebensbereichen eine wirksame Methode, das Sich-in-die-Tasche-Lügen zu verhindern. Sie schafft Klarheit im Kopf und trägt bei zur realistischen Selbsteinschätzung: Die Erreichung selbstgestellter Anforderungen führen dazu, daß man mit Erfolg wie auch mit Mißerfolg umzugehen lernt.

Und auch dies kann man sich vom Sport abschauen: Nach dem Test wird festgestellt, ob oder wie weit die Prognose erreicht worden ist. Danach ist wiederum zu prüfen, ob die aufgestellte Prognose realistisch oder unrealistisch war, beziehungsweise woran es gelegen hat, warum sie erreicht, nicht erreicht oder weit übertroffen wurde. Sehr schnell lernt man dadurch, für das nächste Prognosetraining nicht nur

3 Stärken und Schwächen – worauf man sich verlassen soll   89

den Mißerfolg besser zu verarbeiten, sondern gegebenenfalls auch seine eigene Voraussetzungen zu verändern, im Sinne einer realistisch-optimistischen Einschätzung (Abbildung 14).

Steigern läßt sich die Intensität des Prognosetrainings noch durch das **offene Prognosetraining**. Hier wird die vorher abgegebene Prognose nicht nur zwischen Schützling und Trainer vereinbart, sondern vor der ganzen Trainingsgruppe publik gemacht. In Kampfsportarten teilt man dem Gegner seine Prognose mit. Ein Judoka kann vor dem Übungskampf (Randori) seinem Gegner ankündigen, daß er ihn in den nächsten drei Minuten mit einem Uchimata rechts werfen wird. Oder die Abwehr der Handballmannschaft sagt den Angreifern, wie viele von zehn geplanten Angriffen sie erfolgreich verhindern wird. Das ist in ihren Anforderungen eine ausgesprochen wettkampfnahe und harte Trainingsform.

Selbstverständlich besteht der Trainingsalltag nicht nur aus Überzeugungs- beziehungsweise Prognosetraining. Es aber regelmäßig miteinzubeziehen, führt beim Erreichen von Zielen unter hohen Beanspruchungen einen guten Schritt weiter.

In der Nicht-Wiederholung liegt die Stärke

Typisch für Training ist das Prinzip der Wiederholung. Sie ist nach dem Verständnis vieler sogar der Hauptinhalt: Immer wieder üben, üben, üben, bis du es kannst. In Wettkämpfen aber und ebenso in entscheidenden Momenten im Beruf sind Abläufe durch ihre Nichtwiederholbarkeit gekennzeichnet. Das entscheidende Spiel, durch das sich eine Mannschaft aus der Fußball-WM Endrunde eliminiert – es ist nicht wiederholbar, genausowenig wie der versäumte Handschlag des unterlegenen Trainers für den der Siegermannschaft. Die schlechte Präsentation des Werbekonzeptes vor dem Kunden, mit der man den Auftrag verliert – aus und vorbei. Das Wissen um diese Nichtwiederholbarkeit führt vor Ernstsituationen zu entsprechendem Streß – jetzt gilt's, jetzt oder nie.

Deshalb wurde von mir ein **Training der Nichtwiederholbarkeit** entwickelt, bei dem Sportler überprüfen können, ob sie in der Lage sind, ihre Leistung auch auf Abruf zu erbringen. Dazu dürfen sie nur einmal handeln, ohne die Option der Wiederholung im Falle des Mißerfolgs.

Der praktische Ablauf dieses Trainings: Der Trainer definiert einen Zeitpunkt. Eine wichtige Voraussetzung für das Einmaligkeitstraining: Der Zeitpunkt der Leistungsabgabe wird von außen festgelegt und nicht vom Athleten selbst – so ist es ja auch bei Wettkämpfen die Regel. Der Athlet hat genügend Zeit, sich enstprechend zu präparieren, und dann *einen* Versuch frei, für dessen erfolgreichen Ausgang er ebenfalls eine Prognose abgibt. Schlägt sein Versuch fehl, kann er entweder weiter trainieren oder das Training wird beendet (wenn das Einmaligkeitstraining an den Schluß des Trainingstages gesetzt wurde). Letzteres macht diese Übungsform noch wirksamer: Der Sportler spürt die – positiven oder negativen – Konsequenzen stärker: Ob Erfolg oder Mißerfolg, das Training ist vorbei, es gibt nichts mehr zu wiederholen, nichts nachzuüben. Der erfolgreiche Athlet geht mit dem positiven Erlebnis nach Hause; seine Prognose könnte beim nächsten Mal noch ein bißchen mehr Leistung festlegen. Der Erfolglose muß mit der Konsequenz des Nichterreichens eines gesteckten Ziels umgehen lernen. Und gerade wenn man den Mißerfolg in aller Klarheit sehen und mit ihm fertigwerden muß, sind beim nächsten Mal Steigerungen möglich. Athleten sind nach Mißerfolgen erfahrungsgemäß hochmotiviert, die Scharte bei nächster Gelegenheit auszuwetzen.

Dasselbe gilt auch für die dritte Trainingsform: das **Prognosetraining** und **Training der Nichtwiederholbarkeit mit Zeitverzögerung**. Hier intensivieren wir die beiden oben beschriebenen Trainingsformen. Mit der zusätzlichen Beanspruchung, daß der Zeitpunkt für die zu erbringende Leistung hinausgezögert wird. Der Trainierende stellt wie zuvor eine Prognose auf und bekommt dann beispielsweise zehn, 20 oder 30 Minuten Zeit, sich auf seine sportliche Leistung vorzubereiten. Erfahrungsgemäß wird das Erbringen der Leistung umso schwieriger, je länger die Zeitvorgabe ist. Das hängt damit zusammen, daß in Vorbereitungs- und Wartezeiten störende ambivalente Kognitionen auftreten können, zum Beispiel in Form von negativen Selbstgesprächen, die die Konzentration auf die Leistung stören, „an den Nerven zerren". Ähnliches kann im Alltagsleben passieren: Man meint, mit seiner Rede auf der Veranstaltung gleich dran zu sein, erfährt dann aber, daß die Rede von Dr. Soundso vorgezogen wird – wie nervös die folgende Wartezeit machen kann, haben Sie in ähnlichen Situationen vielleicht selbst schon erlebt. In der Wettkampfpraxis vieler Sportarten treten solche Verzögerungen häufig ein. Darum ist das Training mit zusätzlicher

Zeitverzögerung effektiv: Man lernt, sich auf Eventualitäten im Ernstfall vorzubereiten.

Wie bereits dargestellt, sind im Anschluß an jedes Prognose- oder Einmaligkeitstraining die fünf Schritte wichtig, die in Abbildung 14 aufeinander folgen. Die **Ist-Soll-Diskrepanz** muß erfasst werden: Man muß überprüfen, ob die prognostizierte Leistung erbracht, nicht erbracht oder übertroffen werden konnte. Im nächsten Schritt müssen die Gründe dafür **analysiert** werden, warum genau dieses und kein anderes Leistungsergebnis möglich war. Gegebenenfalls wird abschließend die Prognose beziehungsweise die **Zielsetzung** für spätere Situationen geändert.

4 Hier und jetzt – die Kultur des Augenblicks

Ganz entspannt im Hier und Jetzt, sagt der eine. Jaja, sagt der andere. Diese Forderung kennt fast jeder, die meisten stellen sie aber mehr im ironischen Sinn. Ironisch, weil wir gern entspannter wären und wohl auch wissen, daß das Hier und Jetzt unangenehmerweise ständig mit Gedanken an das Gestern und Morgen verbunden ist. Ist man dann im Netz des Streß aus gestern, heute und morgen gefangen, sagt man gern: „Ich brauch' dringend Urlaub." Man meint damit: „Ich möchte endlich etwas tun ohne ständig nach vorne und zurück zu denken. Einfach so sein, Hier und Jetzt." Dazu bedarf es aber keines Urlaubs.

Man muß es nur zulassen. Im kleinen Rahmen erleben Sie diese Kultur des Augenblicks, dieses Gedanken-lose Aufgehobensein im Hier und Jetzt immer wieder. Der erste Schluck Bier, so sagt man, sei der beste. Warum eigentlich? Weil man in diesem Moment das Bedürfnis nach einem Bier hat, vielleicht nach einer längeren Wanderung darauf wartet, sich förmlich danach sehnt. Der hektische Kellner fliegt geradezu am Tisch vorbei, nach scheinbar endlosem Warten kommt es endlich, mein Bier. Beim ersten Schluck schließt man die Augen, kein Drumherum, kein gestern und morgen. Nur ich und dieser Schluck. Förmlich Einssein mit dem Bier. Danach Ausatmen, Lächeln – Genuß. Genuß, wie übrigens auch die Lust an etwas, lebt von der **Kultur des Augenblicks**.

Soweit ich mich erinnere, war es Piaget, der große Schweizer Entwicklungsforscher, der folgende Geschichte erzählte:

Ein kleiner Junge sitzt auf dem Boden und bewegt einen Holzstock in der Hand. Seine Mutter tritt ein und fordert ihn auf, zum Mittagessen zu kommen, worauf der Junge entgegnet, er könne im Moment nicht kommen, weil er Pilot sei und der Holzstock sein Steuerknüppel. Darauf die Mutter: „Dann leg den Steuerknüppel weg und komm jetzt zum Essen." Der Junge, auf seinen Stock konzentriert, antwortet der Mutter, er könne den Steuerknüppel nicht loslassen, weil er mit seinem Flugzeug erst landen müsse.

Man sieht, kleine Kinder leben den ungeheuren Luxus, sich auf schönste Weise Zeit-Verlust zu gönnen, ein Wort, das bei uns Erwachsenen ausschließlich negativ belegt ist. Jenseits aller Angst und Langeweile können Kinder sich mit ihrem Tun und Lassen in der Zeit verlieren und vergessen, sind irgendwo in Zeit-Räumen, lassen sich ganz entspannt förmlich in ein Zeitloch fallen, gehen ganz in dem auf, was sie tun. Was nachher ist und was vorher war, ist unwichtig. Erwachsene dagegen scheinen von der steten Angst geplagt, Zeit zu verlieren. Ja keine Zeit verlieren!

Wenn ich sitze, sitze ich

Die Lebens- und Denkart derer, die solche Hetze nach dem Zeitgewinn nicht annehmen, ist bei uns negativ belegt. Man sagt: „Der lebt, als gäbe es kein Morgen." Aber nicht nur Kinder handeln so. Für den Zen-Meister steht dieses Aufgehen im Hier und Jetzt am Ende des Do, am Ende des Weges zur Perfektion, die er aber nie ganz erreichen wird. Diese angestrebte Perfektion ist die Aufhebung der Polaritäten zwischen Kopf und Bauch, innen und außen, gestern und morgen. Mu – das Nichts – will er denken, absichtsvoll absichtslos, wenn er die Meisterschaft erreicht hat. Ein Zen-Meister wurde von einem Europäer einmal gefragt, was denn das Geheimnis seiner Ruhe und Kraft sei. Er sagte: „Wenn ich stehe, stehe ich, wenn ich gehe, gehe ich, und wenn ich sitze, sitze ich. Ihr aber in Europa denkt beim Stehen an das Gehen und beim Gehen an das Sitzen."

Für unsere Kinder findet im Laufe der Jahre statt, was wir Erziehung nennen und was für die Kleinen bedeutet, daß sie vor allem lernen müssen, immer wieder ihre Bedürfnisse aufzuschieben. Nicht jetzt – später! Wie oft hört man diese Worte von Eltern. Realitätsprinzip: Wir leben jetzt, aber wir müssen stets an morgen denken, heute noch stärker als früher. Sobald das Kind im Kindergarten ist, denkt man darüber nach, welche Schule es besuchen soll, ist es in der Schule, wird ihm jahrelang eingebleut, an die Abschlußprüfung zu denken. An der Universität, muß der junge Mensch schon ständig an einen späteren Beruf, an eine Stelle, an seine Altersversorgung denken … . Und wenn er älter geworden ist, redet er andauernd vom Ruhestand und dem was danach kommt.

Ich begegne vielen erfolgreichen Menschen, Freiberuflern, Managern, Unternehmern, die buchstäblich in der Zukunft leben. Genauso wie der alte Bekannte, den man überraschend nach längerer Zeit auf der Straße trifft, man freut sich: „Laß uns ein bißchen hinsetzen und erzählen." Worauf er erwidert: „Habe leider keine Zeit, ich muß dringend zu einem Meeting, laß uns aber mal telefonieren, wir müssen uns unbedingt mal sehen." Weg ist er, und fast meint man, die Luft würde von seiner Unruhe noch schwirren. Nicht das was, jetzt im Moment ist, sondern das, was kommen wird, was kommen könnte, scheint besonders für Zeitgenossen, die sich als erfolgreich im Leben stehend erleben, immer wichtiger zu werden. Schon beim Frühstück rattert es im Kopf: In Gedanken befaßt man sich mit der bevorstehenden Arbeit. Die Gedanken am Vormittag kreisen, wie mir scheint um alles, was am Nachmittag noch zu tun ist. Der Abend bei Freunden bringt keine Entspannung, weil man schon wieder an den nächsten Tag denkt. Körperlich hier, geistig in der Zukunft zu leben, scheint vielen die Zeit bis zur Hektik zu beschleunigen.

Vom Vorausdenken

Fraglos ist das Denken an die Zukunft ein prinzipiell notwendiges und verantwortungsvolles Verhalten. Wir *müssen* uns Gedanken um Vergangenheit und Zukunft machen. Aber auch das geschieht im Hier und Jetzt – wie übrigens das ganze Leben! Es ist ganz in Ordnung, nur bitte nicht vierundzwanzig Stunden am Tag. Haben Sie schon einmal überlegt, was Hektik ist und wovon sie gespeist wird? Hektik wird immer neu vom ständigen Vorausschauen gefüttert. Und sie wächst sich zum Ungeheuer aus, wenn man sie überfüttert – was viele damit tun, daß sie nicht nur in einer, sondern in vielen Facetten ihres Lebens ständig nach vorn schauen und gar nicht wieder davon loskommen.

Wie schnell sind die letzten zehn Jahre Ihres Lebens vergangen! Wenn Sie aber an Ihre Kindheit zurückdenken – wie unendlich lange waren diese zehn Jahre zwischen dem fünfjährigen kleinen Knirps und dem Fünfzehnjährigen, zwischen der Göre und dem Teenager! Endlos schien damals jedes Jahr, obwohl es in Minuten und Sekunden gemessen kein bißchen länger war als Ihre Jahre jetzt. Mit zunehmendem Alter wird in allen Bereichen, beruflich und privat, bei Geld und Gesundheit, immer finalisierter gedacht, nämlich bis an den Ruhestand oder oft ans Lebensende – ein Begriff, der im Wortschatz von Kindern noch gar nicht vorkommt. Je älter wir werden, desto klarer und differenzierter werden die Jahre bis zu unserem angenommenen Ende durchstrukturiert, mit der Folge, daß wir immer eingenommener bis ans Ende denken. Einmal möchte dann einer noch nach Amerika, der andere ein neues Motorrad kaufen oder oder oder … .

Das sei ja alles sehr schön, wird mir auf Seminaren immer wieder gesagt, ab und zu gehe es einem ja auch mal so, bei einer stillen Runde Carambolage-Billard etwa, beim Rosenschneiden oder auch beim Autofahren, wenn man ausnahmsweise mal überhaupt keinen Zeitdruck habe. Aber generell könne man sich so etwas in unserer Gesellschaft einfach nicht leisten. Vor allem Führungskräfte und Entscheidungsträger spüren ein Dilemma zwischen Zukunfts- und Augenblicksorientierung.

Wenn Sie letztere opfern, stecken Sie in der Hektikfalle, in einem Schwungrad der ständigen Zukunftsorientierung. Die Gesundheitskarriere macht dann nicht selten Zwischenhalt in einer Kureinrichtung. Dort lernen Sie dann wieder zu spielen, unter Anleitung einer Spieltherapeutin, zu sein, wie zu Zeiten als Sie noch ein glückliches Kind waren.

Die Struktur der modernen Berufe scheint dieses fatale Ungleichgewicht zwischen dem Leben in der Gegenwart und dem Vorausdenken stark zu fördern. Verantwortliche müssen planen, Entwicklungen abschätzen, vorausschauend handeln. Man vergißt leicht, daß auch diese Aktivitäten für die Zukunft, wie alles andere, gegenwärtig stattfinden. Selbst wenn man über das Leben im Jahr 2200 nachdenkt und redet, tut man das Hier und Jetzt.

Genuß lebt vom Hier und Jetzt

Der Chef eines großen Lastwagen- und Industrieanlagen-Unternehmens warf bei einem Vortrag einmal kritisch ein, er müsse als Entscheidungsträger ständig an die Zukunft denken und planen. Er könne doch nicht von Augenblick zu Augenblick taumeln. Zum Teil hat er recht, wir müssen alle an die Zukunft denken; aber bitte nicht 100 Prozent unserer Zeit. Es gilt auch den Augenblick, das Hier und Jetzt zu kultivieren.

Vielleicht ist es Ihnen auch einmal so gegangen, als ein Vortrag Sie gefesselt, ein wunderbares Konzert Sie verzaubert, in seinen Bann gezogen hat. Irgendwann schaut man auf die Uhr und ist ganz erstaunt, daß die Zeit wie im Fluge vergangen ist. Das ist Kultur des Augen-

4 Hier und jetzt – die Kultur des Augenblicks

blicks: Etwas tun ohne an Vergangenheit und Zukunft zu denken.

Solche Situationen haben, ähnlich wie bei dem Beispiel mit dem Kind, das Pilot spielt, eines gemeinsam: **Genuß** ist notwendig daran gebunden, daß man die Zeit vergißt, anstatt sie ständig kontrollierend als Rahmen anzulegen. Dieses im positiven Sinne kindliche Aufgehen in einer Situation ist Voraussetzung für Genuß, für Lust – auch in der Sexualität –, für Regeneration, aber auch für wirklich schöpferisches, hochkonzentriertes Arbeiten und Leisten. Leisten eben nicht im Sinne von Abarbeiten. Das Leistung-erbringen weitab von Außenkontrollen muß man sich öfter leisten. Wir werden dann wie der kleine Junge mit seinem Holzstock-Steuerknüppel: Es gibt keine Ablenkung von außen mehr, und nach innen werden dann wirklich alle Türen zur Ressource Ich aufgestoßen. In zwei Richtungen: Genuß und Regeneration, aber auch noch konzentriertes Aufgehen in einer Aufgabe.

Die Konzentrations-Falle

Ich und meine Aufgabe zu denken und zu tun bedeutet **Konzentration**. Sie haben das schon oft erlebt. Was geschieht aber, wenn man so denkt und handelt, vielleicht unter Zeitdruck, unter Leistungsdruck? Die Konzentration bröckelt. Man sieht plötzlich das Umfeld, Dinge im Raum, alles, was unerledigt auf dem Schreibtisch liegt. Die Gedanken wandern geradezu durch den Raum. Bis man sich darauf besinnt, wie groß die Diskrepanz zwischen dem bis jetzt Geleisteten (Ist) und der Vorgabe (Soll) noch ist. Man rechnet hoch auf die Gesamtleistung: „Wenn ich so weitermache, schaffe ich es heute nicht mehr; aber morgen komme ich nicht dazu, und übermorgen früh muß es fertig sein."

Und plötzlich denkt man nur noch an die Konsequenzen, die eintreten, wenn man nicht rechtzeitig fertig wird. Konzentration hat sich in dieser Arbeitsphase schon längst im steigenden Streß aufgelöst. Schließlich stellt man sich die **Sinnfrage** „Was soll das alles?", insbesondere dann, wenn man häufiger oder gar regelmäßig in solche Arbeitssituationen gerät (Abbildung 15).

Um aus dieser Konzentrations-Falle herauszukommen, hilft vielleicht die Einsicht in ein wichtiges Grundprinzip der Handlungsregulation: Man kann zur einen Zeit nur eine Sache bewußt und konzentriert machen. Die Kapazität unserer Großhirnrinde ist so gering, daß es nicht möglich ist, zwei Dinge gleichzeitig *bewußt* zu tun. Diese Einsicht er-

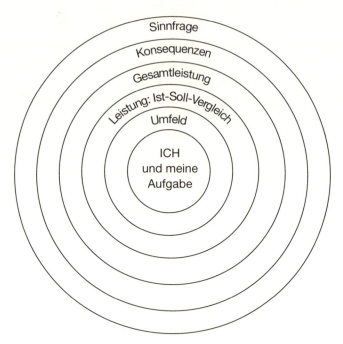

Abbildung 15: Vom Hier und Jetzt zur Sinnfrage.

schließt sich ziemlich schnell, wenn man mit einem Beifahrer auf der Autobahn fährt und sich angeregt unterhält, um sich dann plötzlich zu fragen, ob man eine bestimmte Ausfahrt schon passiert habe oder nicht. Man hat sich also bewußt, vielleicht sogar reflektiert unterhalten und das Autofahren dabei unbewußt oder mitbewußt reguliert. Sobald jedoch eine schwierige Verkehrssituation auftritt, bricht das Gespräch sofort ab, man wendet sich als Fahrer dem Verkehrsgeschehen bewußt und aufmerksam zu, um danach wieder ins Gespräch hineinzufinden.

Wenn Ihr Friseur Sie fragt, wie er Ihre Haare schneiden soll, wäre eine kluge Antwort: „Schweigend." Denn entweder kann man bewußt und konzentriert Haare schneiden oder die Leistungen der Fußballnationalmannschaft im Gespräch sorgfältig analysieren.

Diese Zusammenhänge lassen sich zur Intensivierung von Konzentration nutzen. Wenn man zu dem, was man jetzt im Moment tut, Handlungsabläufe vorgibt, intensiv und mit sich darüber redet, findet man ziemlich wahrscheinlich in eine Konzentrationsphase. Genauso wie

4 Hier und jetzt – die Kultur des Augenblicks

man aus dieser Konzentration wieder herauskommt, wenn man sich über andere ablenkende Sachverhalte Gedanken macht und sie per Selbstgespräch analysiert.

Schaffen Sie sich Zeitinseln zur Entschleunigung. Sie machen stark für Phasen, in denen die Zeit soviel diktiert. Ich glaube, wir müssen Augenblicke kultivieren, Zeitanker auswerfen, damit unsere Ressourcen nicht abtreiben. Das Aufgehen im Augenblick ist eine Voraussetzung dafür, daß wir uns eine Zukunftsorientierung leisten können, die sicher notwendig ist, aber nicht unser so kostbares Hier und Jetzt auffressen darf.

5 Entspannen – die Kunst loszulassen

Eine Katze liegt dösend auf dem Fensterbrett und läßt sich die warme Sonne genußvoll auf ihr Fell scheinen. Ein Bild von solcher Entspanntheit – kein Mensch kann das so, wie sie es uns vormacht; man könnte neidisch werden. Da kommt summend eine Fliege – in Sekundenbruchteilen spannt sie sich und schießt hoch, mit ausgefahrenen Krallen nach der Fliege schlagend.

Die Katze kann sich nicht nur wunderbar entspannen. Sie beherrscht auch etwas viel Wichtigeres: das perfekte, geradezu elegante Wechselspiel zwischen völliger Entspannung und höchster Anspannung im richtigen Moment.

Nur entspannt zu leben wäre eine unbefriedigende Sache. Wie sehr würden Sie sich langweilen als Aussteiger im Schlaraffenland oder schon in einem Urlaub, in dem bei jedem Segeltörn die Winde lau sind und jeden Tag dasselbe stattfindet: Kaum Anforderungen, keine Kraft und Spannung. Unter ständiger Spannung zu leben, wäre aber genauso wenig zielführend und schon gar nicht ökonomisch. Wie Menschen unter Anspannung und permanentem Druck leiden, weiß jeder.

Die Lösung liegt aber sicher nicht in der berühmten "Goldenen Mitte", die viel von der Spannung wegnehmen und bei der Entspanntheit ein bißchen draufsatteln würde, bis beide Spannungslinien sich in der Mitte treffen – es entstünde vielleicht eine gerade Linie. Die zeigt das EKG an, wenn das Herz nicht mehr schlägt. Lebensvorgänge beschreiben Wellenbewegungen, alternierend zwischen Spannung und Entspannung.

Wenn jemand eine Prüfung oder eine schwierige Verhandlung vor sich hat, rät man gern: "Bleib locker" und – auf neudeutsch – "relaxed". Man sagt das vor dem Hintergrund der Erfahrung, daß Leistung zwar Kraft und Spannung erfordert, daß man aber nur dann richtig leistungsfähig ist, wenn das im Wechselspiel mit Entspannen und Loslassen klappt. Fragen Sie einen Steinmetz, wie er Stunde um Stunde und Tag für Tag das Hämmern mit Fäustel und Meißel auf härtesten Stein durchhält, er wird Ihnen erklären, daß er Fäustel und Meißel eigentlich die meiste Zeit nur sehr locker, kaum festhält und immer nur in dem Moment fest zupackt, wenn der Hammer seine Bewegungsrichtung ändert und wenn er auf den Meißel trifft.

Die Entspannung macht den Meister

Dieser stetige flinke Wechsel zwischen Anspannen und Entspannen zeichnet Könner bei ihrer Arbeit aus und erschließt ihnen persönliche Ressourcen zum höchsten Wirkungsgrad. Der Kreislauf von biotischem wie mentalem Anspannen und Entspannen ist beispielsweise auch das Geheimnis des runden Tritts beim Radrennfahrer über Distanzen von Tausenden von Kilometern. Oder des Armzugs beim Kraulschwimmer, des Krafteinsatzes beim Lenken eines Motorrades, das Führen einer Verhandlung. Erst dieser ökonomische rhythmische Wechsel zwischen Beanspruchung im Sinne von Anspannung und Erholung im Sinne von Entspannung fundiert souveräne Handlungskompetenz.

Jeder lebende Organismus hat zu jeder Zeit einen bestimmten psychophysischen Erregungsgrad, sein **Aktivationsniveau**. Am ehesten läßt sich das mit der Drehzahl eines Motors veranschaulichen. Die Schwankungsbreite der menschlichen Aktivation stellt sich auf einer Skala mit den Polen aktivierter Schlaf und starke Erregung dar (Abbildung 16). In der Mitte der Skala liegen zum Beispiel Zustände wie entspannte Wachheit oder wache Aufmerksamkeit.

Voraussetzung für situations- und anforderungsangemessenes Handeln ist nun die Passung zwischen diesem psychophysische Aktivationsniveau und der Tätigkeit, die man gerade ausführen möchte. Es muß sie stützen und darf nicht stören, denn wenn Handlung und Aktivationsniveau nicht passen, können die Dinge schieflaufen.

Sie kennen das: Es gibt Tage, an denen man mit dem sprichwörtlichen falschen Fuß aufgestanden ist. Man führt sich auf, weil sich am Gemüsestand jemand vorgedrängt hat, man ist auf unangemessen hohem Niveau kribbelig, aktiviert, nur weil man seine Banane erst achtzig Sekunden später bezahlen kann. Mit unangemessenem Aktivationsniveau können wir nicht mehr ökonomisch und effektiv handeln. Binden Sie mal eine Krawatte, wenn vor der Tür schon das Taxi wartet und Sie ohnehin schon zu spät dran sind. Unter normalen Umständen eine kurze, belanglose Angelegenheit, unter diesem erlebten Zeitdruck aber werden Sie fast explosiv und nicht mehr effektiv handeln, weil Sie Ihren wunderbaren Windsor-Knoten vor lauter Hektik nun überhaupt nicht mehr richtig hinkriegen. Unter Zeitdruck und Streß ist man viel zu aktiviert für feinmotorische Bewegungen. Das zittrige Auftragen

5 Entspannen – die Kunst loszulassen

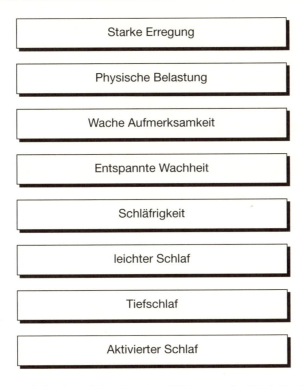

Abbildung 16: Skala der Aktivation (modifiziert nach: *Vaitl, D.*: Psychophysiologie der Entspannung. In: *Vaitl, D., Petermann, F.* (Hrsg.): Handbuch der Entspannungsverfahren. Band 1 (25-63). Psychologie Verlags Union, Weinheim, 1993.)

von Nagellack oder das Vibrato in der Stimme manches aufgeregten Redners vor großem Auditorium ist auf solche Weise zu erklären: Das Problem liegt in der Störung der feinen muskulären Regulation der Finger- bzw. Stimmbänderspannung und -entspannung, bedingt durch die erlebte Streßsituation.

Umgekehrt kommt es vor, daß man für eine schwere muskulär beanspruchende körperliche Arbeit – etwas Schweres heben, schieben – nicht hinreichend aktiviert ist: Man ist zu ruhig, zu schlaff, zu entspannt und schafft es deshalb nicht. Warum wohl fletschen bärenstarke Muskelmänner im Film oder beim Gewichtheben geradezu furchterregend die Zähne und pumpen sich förmlich auf? Entwicklungsgeschichtlich handelt es sich dabei einerseits sicher um eine atavistische

Drohgebärde, vor allem aber ist es der Versuch, die biotische und mentale Aktivation zu steigern. Zuviel des Guten wirkt dann wieder kontraproduktiv, denn: Übersteigt die Aktivation ein personen- und situationsspezifisch optimales Niveau, kommt es zum Leistungsabfall.

Im Wechsel liegt die Kraft

Damit einem gelingt, was man vorhat, ist es also notwendig, den angemessenen Aktivationsgrad einzuregeln: nicht zu aufgeregt, nicht zu ruhig. Ich stelle mir das so vor, wie wenn man mit dem Schieber die Lautstärke an einer Musikanlage regelt (Abbildung 17), mit zwei Zielen:

- **Relaxation** oder Entspannung ist gefordert, wenn man zur Durchführung der gewünschten Handlung zu aktiviert, zu aufgeregt ist. Man muß dann das Aktivationsniveau absenken, sich entspannen und beruhigen.

- **Mobilisation** oder Anspannung wird vordringlich, wenn man zur Ausführung dessen, was man vorhat zu ruhig ist und seine Aktivation steigern muß. Denken Sie an das morgendliche Aufstehen nach einer durchfeierten Nacht oder eine geschäftliche Besprechung am Nachmittag, auch die berüchtigte langatmige Festrede oder eine Sitzung nach dem Mittagessen, bei dem man sich auch noch hat überreden lassen, ein Glas Wein zu trinken. Die Augenlider sinken bleischwer herab. Man hat Mühe, wach zu bleiben.

Die **Techniken der Aktivationsregulation** laufen übrigens alle nach demselben Grundmuster ab (Abbildung 18). Man kann bildlich gesprochen an drei Knöpfen drehen, die an drei Eingriffsstellen ansetzen:

- am **Verhalten,**
- an der **Umwelt** und
- an der **Wahrnehmung.**

Die verschiedenen Möglichkeiten zur Unterstützung Ihrer Entspannung oder Relaxation können Sie sich mit diesem Schema individuell zusammenstellen, je nach Anforderung und Situation.

5 Entspannen – die Kunst loszulassen

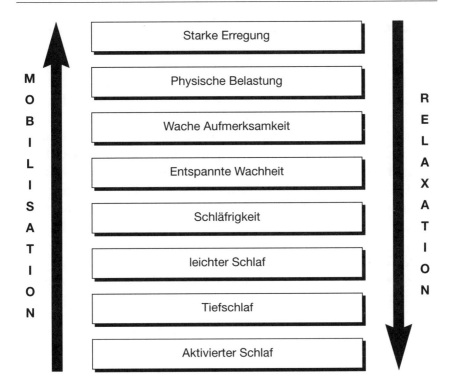

Abbildung 17: Regulation der Aktivation.

RELAXATION	
Verhalten	Langsam oder gar nicht bewegen. Muskeltonus abbauen, zum Beispiel durch Konzentration auf Ausatmung und "Loslassen" nach 6 Sekunden Anspannung.
Umwelt	Reizarme, ruhige Umwelt aufsuchen oder "herstellen" (zum Beispiel ruhige Musik anhören)
Wahrnehmung	einstellen auf Ruhe, Entspannung, angenehmes Befinden per Selbstgespräch

Abbildung 18: Eingriffsstellen für Relaxation oder Entspannung.

Manchmal gilt es im Alltag ganz schnell abzuschalten. Sie kennen das: Termine, Entscheidungen, Dinge, die man erledigen muß – man ist auf Trab, die innere Maschine läuft auf Hochtouren. Dann schlägt die Aufgedrehtheit nicht selten in Hektik um, und der Effekt kippt: Was bis dahin wunderbar geklappt hat, wirkt bei um sich greifender Hektik plötzlich blockiert. Die Anforderungen, deren Bewertung und die eigene Handlungsdynamik haben einen zwar auf ein hohes Aktivationsniveau geschaukelt, man erlebt dadurch aber zunehmendes Gehetztsein und als Folge davon einen geringen Wirkungsgrad dessen, was man tut. Den versucht man durch vermeintlich noch konzentrierteres Vogehen auszugleichen, dabei schränkt sich aber nur die Wahrnehmung ein. Der Tunnelblick verengt die Sicht, man übersieht wichtige Facetten des einen oder anderen Problems. Konsequenz sind rigide, starrere, nicht sonderlich hilfreiche Verhaltensweisen. Man versucht „mit dem Kopf durch die Wand„ zu gehen und riskiert damit einen Anstieg der Fehlerrate.

Der Schwungradeffekt und die Sauna

Dieser Schwungradeffekt schafft dann automatisch neue, in aller Regel eigenständige und kontraproduktive Effekte. So ähnlich lassen sich unschwer nicht wenige Konfliktgespräche bei Paaren rekonstruieren. Oft geht es am Ende gar nicht mehr um das auslösende Problem, sondern um das Verhalten, das einem am Partner, wenn nicht verletzend, so zumindest unsachlich vorkommt, weil man vor lauter Emotionen sachlich schon lange nicht mehr durchblickt.

Hier ist die Senkung des Aktivationsniveaus, möglichst flinkes Umschalten auf Entspannung gefordert. Die Grundprinzipien der **Entspannung im Alltag** (Abbildung 18) lassen sich sehr schön an einem Saunabesuch verdeutlichen. Man betritt den Schwitzraum immer ausatmend. Die Haltung fordert keine besondere Muskelanspannung. Durch die Wärme wird die Körperoberfläche stark durchblutet, was den ohnehin niedrigen Muskeltonus noch mehr herabsetzt. Die Ruhe im Raum, wenn nicht gerade ein Kegelclub seinen letzten Ausflug bespricht, und das angenehme Empfinden regen weitere Entspannung an. Ein ähnlicher Zustand läßt sich bei entsprechendem Training überall erreichen, im Auto, im Büro mit den Füßen auf dem Schreibtisch, im Zugabteil oder im Taxi.

5 Entspannen – die Kunst loszulassen

Weil der Mensch wie jeder Organismus, im und von stetem Spannungswechsel lebt, braucht auch der mit dem Saunagang ausgelöste Entspannungszustand seinen Gegenpol, nämlich den kalten Abguß beziehungsweise das Zurückholen. Hier wird es im Wortsinne spannend und es lassen sich alle typischen Signale der **Mobilisation** nachvollziehen (Abbildung 19). Man bewegt sich beim kalten Duschen oder im kalten Wasser schnell und schwunghaft, atmet heftig ein und spannt die Muskulatur an. Manche Saunafreunde zelebrieren diesen Handlungssturm mit solcher Inbrunst, daß alle Umstehenden auch etwas davon haben. Aus völliger Entspannung schwunghaft hinein in die Spannung: Beim Saunagang ist dieser Wechsel sehr ausgeprägt, und vielleicht deshalb fühlt man sich danach wie neugeboren.

Sie könnten sich auf der Basis von Abbildung 18 und 19 Ihre ganz persönliche Technik und Verfahrensweise selbst zusammenstellen.

MOBILISATION	
Verhalten	Schnell und schwunghaft bewegen. Muskelspannung aufbauen, zum Beispiel durch isometrische Muskelanspannung. Konzentration auf Einatmung.
Umwelt	Reizreiche, anregende Umwelt aufsuchen oder „herstellen" (zum Beispiel „fetzige" Musik anhören)
Wahrnehmung	Einstellen auf Herausforderung, Druck, „Power" per Selbstgespräch

Abbildung 19: Eingriffsstellen für Mobilisation oder Anspannung.

Drei Eingriffsstellen

Die Hauptanforderung ist für die meisten von uns in Beruf und Alltag ohne Frage, sich zu entspannen, wenn es erforderlich ist. Mobilisation tritt demgegenüber als Ziel weitgehend in den Hintergrund und ist nur in einigen wenigen Alltagssituationen erforderlich, dann aber auch erlernbar. Deswegen befassen sich die folgenden Ausführungen auch in erster Linie mit einem **Entspannungsverfahren**, das sich recht gut in den Alltag, auch den beruflichen Alltag, integrieren läßt.

Es sind eigentlich drei Punkte, die es dabei zu beachten gilt:

- die **Körperposition**,
- die **Atmung** und
- die **Muskelspannung**.

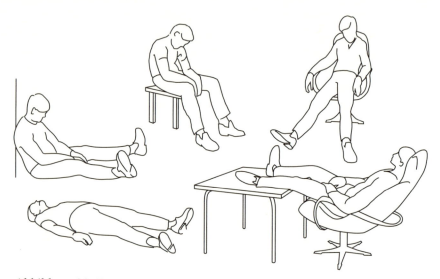

Abbildung 20: Entspannungspositionen.

Als **Körperposition** sucht man sich aus der Abbildung 20 eine für die jeweilige Situation und Anforderung geeignete heraus. Das Prinzip all dieser Positionen ist, daß man sie ohne Muskelspannung aufrechterhalten, sich also dabei völlig loslassen kann. Man schließt die Augen, läßt den Kopf soweit vornüber fallen, daß man kein Spannungs- oder Zuggefühl im Nacken spürt. Andernfalls gilt es die Position etwas zu modifizieren, nach einiger Übung ist das kein Problem mehr. Hat man seine Position gefunden – und fühlt sich wohl, das ist eigentlich das erste Kriterium –, kann man sich auf die Atmung konzentrieren.

Auf die **Atmung** konzentrieren heißt, seiner Atmung zuschauen, sie beobachten, sie zulassen; aber *nicht* aktiv eingreifen. Einfach beobachten, was die Atmung macht, dabei durch die Nase ein- und durch den Mund ausatmen. Man wird drei Dinge feststellen. Zunächst, daß die Atmung außerordentlich langsam kommt und geht, beruhigend langsam. Zum zweiten kann man erfahren, daß mit dem Ausatmen immer das Gefühl des Zusammensinkens, des Kleinerwerdens und des Entspannens einhergeht. Drittens läßt sich feststellen, daß Atmen aus drei Phasen, nicht zwei, wie viele glauben, besteht: Einatmen, Ausatmen und Pause.

Die Konzentration auf die **Atempause** ist ein außerordentlich intensives und wirksames Entspannungssignal. Konzentrieren Sie sich darauf, erleben Sie diese Pause bewußt, reden Sie mit sich auch darüber: Sie werden merken, daß Sie dann nicht in der Lage sind, zur gleichen Zeit bewußt andere Gedanken zu denken, denn man kann zu einer Zeit nur *eine* Sache bewußt tun oder denken! Anderes läuft dann nebenher, teilweise oder ganz automatisiert. Versuchen Sie es einmal: konzentrieren Sie sich jetzt auf Ihre Atempausen und lesen Sie weiter ohne sie aus dem Bewußtsein zu verlieren! Das ist nicht möglich. Denn auch hier gilt: entweder Bewußtheit beim Lesen oder Bewußtheit beim Atmen.

Über diese Art der Atempausen-Konzentration gelangt man schnell und wirksam in einen angenehmen Entspannungszustand. Unterstützend wirkt dabei, wenn man durch die Nase ein- und durch den Mund ausatmet. Das vermittelt ein Gefühl des Aus-dem-Bauch-, des Aus-der-Mitte-Atmens.

Jacobsons Entdeckung

Wenn Sie sich auf diese Weise in einen Entspannungszustand förmlich hineinatmen lassen, können Sie dieses Gefühl noch durch systematische Regulation Ihrer **Muskelspannung** vertiefen und intensivieren. Der Wechsel zwischen Muskelanspannung und -entspannung ist eigentlich das Prinzip der **Progressiven Muskelentspannung**. Sie wirkt über die Wahrnehmung der Muskelspannung beziehungsweise des Muskeltonus auf die Befindlichkeit. Setzt man sich das Ziel der Entspannung, hat man mit der Progressiven Muskelentspannung ein erstaunlich wirksames und einfaches Instrument.

Diese Methode ist ein Klassiker; sie wurde 1934 von Jacobson (*Jacobson, E.*: You must relax. McGraw Hill, New York, 1934) zum Abbau von Angst und psychischen Spannungen entwickelt. Durch seine Studien an der Harvard-Universität gelangte er zu der Erkenntnis, daß bei inneren Spannungsgefühlen, vor allem bei Ängsten, immer auch Muskelspannung erlebt wird, und daß die Angst, die Spannung sich löst, wenn die starke Muskelanspannung gelöst wird. Jacobson systematisierte die Anspannung und Entspannung verschiedener Muskelgruppen, wobei er für die Bewußtheit der Anspannung und Entspannung der Muskeln eintrat. Durch die Übungen werden Muskelspannungen reduziert, bis sich ein Gefühl tiefer Entspannung und damit eines deutlichen Abbaus von Angstgefühlen einstellt.

Zum Training bleibt man in seiner Entspannungspositionen und reiht bei jeder Muskelgruppe, die man entspannen möchte, folgende Schritte aneinander:

1. **Konzentration** auf die jeweilige Muskelgruppe
2. **Anspannen** der Muskelgruppe
3. Spannung fünf bis sieben Sekunden **halten**
4. Spannung in der betreffenden Muskelgruppe **lösen** und dabei ausatmen
5. Während des Lösens sich innerlich auf die Muskelgruppe **konzentrieren**.

Zum Einstieg arbeitet man mit einer Kurzform mit zum Beispiel nur fünf Muskelgruppen, aus meiner Erfahrung: **Sitzfläche, Schultern, Arme, Hände und Gesicht.**

Aus der Praxis des Loslassens

In unseren Seminaren machen wir das so:

Entspannung der **Sitzfläche**, des Pos, läßt sich sehr praktisch dadurch initiieren, daß man sich vorstellt, man müsse mit den Pobacken etwas einklemmen. Halten Sie diese Spannung einige Sekunden und lassen Sie sie dann mit dem Ausatmen los. Die **Schultern** zu entspannen funktioniert am besten indem man beide Schultern hochzieht, fast bis neben die Ohren, die Spannung hält und dann losläßt. Die Schultern fallen dann förmlich nach unten. Die Entspannung der **Arme** und **Hände**: Fäuste ballen, Arme mit aller Kraft anspannen, die Arme beginnen dann nicht selten zu zittern, das soll und kann man nicht unterbinden.

Nach dieser Spannung ausatmen und loslassen. Ein Bild, das sich in meiner Praxis gut bewährt hat, ist, die Arme seien mit Sand gefüllt, und dieser Sand würde dann mit dem Loslassen durch die Fingerspitzen herausrieseln. Zurück bleiben entspannte Arme, und diesen Entspannungzustand kann man am besten dadurch abprüfen, daß man

sich fragt, ob man bereit wäre, die Arme oder die Schultern jetzt zu heben oder zum Beispiel aufzustehen. Wenn die Entspannung sich enige-
stellt hat, ist man dazu schlicht zu unaktiviert, wenn sie so wollen, zu
faul.

Die Entspannung des **Gesichts** läßt sich induzieren, indem man die
Zähne aufeinanderbeißt und die Zunge mit aller Kraft an den Gaumen
drückt. Das hat eine stark ausstrahlende Spannung auf das Gesicht,
den Unterkiefer und den Hals zur Folge. Nach einigen Sekungen läßt
man die Zunge los und legt sie auf die untere Zahnreihe. Dadurch entspannen sich Zunge und Lippen und nach einiger Zeit das ganze Gesicht.

Der Zustand, den sie jetzt durch diese regulierte Muskelspannung und
die vertiefte Atemkonzentration erreicht haben, läßt sich durch weiteres Konzentrieren auf die Ausatmung und durch die Beobachtung der
Atempause intensivieren.

Beherrscht man dieses Grundverfahren, kann man die Übungszeit
reduzieren, indem man die Anzahl der übungsmäßig angesprochenen
Muskelgruppen reduziert. Mit zunehmender Routine kommt man
schließlich mit wenigen Augenblicken aus, man kann das Entspan-
nungserleben dann quasi per Vorstellung abrufen, stellt sich die Anspannung mit anschließender Entspannung also nur noch vor.

Sich Zurückholen

Nach jeder Entspannungssitzung ist es wichtig, sich zurückzuholen,
das heißt intensiv einzuatmen, sich zu recken und zu strecken wie
morgens nach dem Aufwachen, die Augen zu öffnen und sich wieder
um sein Tagesgeschäft zu kümmern. Das **Zurückholen** ist nach Ent-
spannungsvorgängen außerordentlich wichtig, weil man sonst Mühe
hat, wieder in einen alltagstauglichen Aktivationszustand zurückzu-
kommen. Dabei werden von verschiedenen Experten durchaus recht
handfeste Methoden vorgeschlagen, zum Beispiel sich vom Wecker
zurückklingeln zu lassen oder, wenn man sich im Sitzen entspannen
will, einen Schlüsselbund in die Hand zu nehmen und einen Blechteller
auf den Boden zu stellen. Der Schlüsselbund wird aus der Hand auf
den Blechteller fallen, wenn sich Arm und Hand entspannen. Der
Lärm schreckt einen auf. Das ist gewollt.

Wie man sich fühlt, wenn man auf das Zurückholen verzichtet, haben Sie vielleicht schon einmal an einem Samstagmittag erlebt. Nach einer anstrengenden Woche und den üblichen Samstagmorgenüberaktivitäten haben Sie sich zum Mittagessen ein Glas Wein oder Bier gegönnt, um sich dann zu einem Mittagsschlaf niederzulegen. Dieser Mittagsschlaf dauert dann in aller Regel viel länger als man es eigentlich wollte, vielleicht wacht man erst um halb vier wieder auf. Dann setzt der Teewärmereffekt ein. Viele berichten, daß sie bis in den frühen Abend das Gefühl haben, irgendwie gedämpft wahrzunehmen und „irgendwie nicht richtig da„ zu sein, als hätten sie einen Teewärmer auf dem Kopf. Die Begründung für diesen Prozeß liegt im Tagescircadianrhythmus, was bedeutet, daß das Aktivierungsniveau nach der Mittagszeit im Tagesablauf bis zum frühen Nachmittag abnimmt. Durch die ungewollt lange Entspannungspause wird dieser abfallende Gradient noch verstärkt, man gerät auf eine Entspannungsrutschbahn und findet für Stunden kaum mehr auf den erforderlichen normalen Aktivierungspegel zurück.

Autogenes Training

Mit meiner bis hierher beschriebenen Methode zur Entspannung mache ich seit Jahren beste Erfahrungen. Aber natürlich können Sie auch auf eine der Standardmethoden zurückgreifen, die in Kursen der Volkshochschulen, bei Kuren oder durch freie Anbieter auf den umkämpften Markt gebracht werden: **Autogenes Training**. Es wurde in den zwanziger Jahren von dem Berliner Nervenarzt Schultz entwickelt und gilt als auf westliche Menschen zugeschnittene und auf wenige Formeln reduzierte Form der Autosuggestion, deren Wurzeln in ostasiatischen Meditationstechniken liegen. Ein gravierendes Problem des Autogenen Trainings ist aus meiner Erfahrung der große Lern- und Trainingsaufwand, den Schultz (*Schultz, J.H.*: Das autogene Training: Konzentrative Selbstentspannung. Versuch einer klinisch-praktischen Darstellung. 15. Auflage. Thieme, Stuttgart, 1976) sogar stets unter Anleitung eines Arztes sehen wollte.

Verbreitet ist vor allem die **Grundstufe des Autogenen Trainings** mit ihren Standardformeln, die zu Selbsthypnose führende Oberstufe ist erst dann sinnvoll, wenn man die Grundstufe lange eingeübt hat, und sollte auch nur mit persönlichem therapeutischem Coaching erlernt werden. Die Grundstufe mit ihren sechs Übungen (Abbildung 21) ist systematisch erlernbar.

5 Entspannen – die Kunst loszulassen   113

Übungs-art	Übungsformel	Wirkung	Begleit-erscheinungen
* Ruhe-tönung	„Ich bin voll-kommen ruhig" Körper und Psyche	Allgemeine Beruhigung von	
1. Schwere-übung	„Der rechte (linke) Arm ist ganz schwer"	Muskel-entspannung, allgemeine Beruhigung	Autogene Entladungen aller Art sind möglich. Nachwirkungen durch falsches Zurück-nehmen
2. Wärme-übung	„Der rechte (linke) Arm ist ganz warm"	Entspannung der Blutgefäße, Beruhigung	Autogene Entladung
3. Herz-übung	„Herz schlägt ganz ruhig und gleichmäßig"	Normalisierung der Herzarbeit, Beruhigung	Autogene Entladung; durch Erwartungs-einstellung, durch „Organerinnerung" können Organ-symptome ausgelöst werden
4. Atem-übung	„Atmung ganz ruhig (und gleich-mäßig)"	Harmonisierung und Passivierung der Atmung, Beruhigung	(wie oben)
5. Leib-(Sonnen-geflechts-übung)	„Sonnen-geflecht (Leib) strömend warm"	Entspannung und Harmonisierung aller Bauchorgane, Beruhigung	(wie oben)
6. Kopf-übung	„Stirn angenehm kühl"	Kühler, klarer Kopf, Entspannung der Blutgefäße im Kopfgebiet, Beruhigung	Autogene Entladungen; gelegentlich Kopf-schmerzen und Schwindel

Die Ruhetönung kann nur bei gegebener Indikation als selbstständige Übung angese-hen werden; im allgemeinen gilt sie als "richtungsweisendes Einschiebsel" im Sinne von Schultz.

Abbildung 21: Tabelle: Grundstufe des Autogenen Trainings (aus: Linde-mann, 1975, vgl. S. 64).

Die Übungen ermöglichen die Umschaltung des Organismus in einen konzentrativen Entspannungszustand. In entspannter Haltung vergegenwärtigt man sich plastisch die Ruhetönung "Ich bin vollkommen ruhig", wobei man ruhig ein schönes Bild, etwa eine Palmenstrand-Idylle, zu Hilfe nehmen kann. Bei den Formeln der sechs folgenden Übungen stellt man sich vor, was passiert. Bei "Rechter Arm ganz warm" beispielsweise, wie das Blut aus dem Bauchraum über die Schulter in den Oberarm strömt, weiter in den Unterarm, über kleinere Adern dann in die Hände und bis in die Fingerspitzen. Solche bildhaften Vorstellungen fördern die Wirkung aller Übungen.

Die sechs Formeln sollen jeweils gedanklich fünf- bis sechsmal wiederholt werden. Zwischen den Übungen vergegenwärtigt man sich immer wieder die Ruhetönung – "Ich bin ganz ruhig" –, dann geht man zur nächsten Übung über.

Schultz hat das erreichbare Fertigkeitsniveau so beschrieben, daß die Übungsformeln anschaulich, zum Beispiel optisch oder rhythmisierend-automatisierend in innerem Sprechen vergegenwärtigt werden sollen. Die bei jedem Übenden ‚daneben‘, ‚dazwischen‘ auftretenden Einfälle und Gedanken können gelassen ignoriert werden, so daß sie ‚vorüberziehen‘. Heute kritisiert mancher, daß es zu lange dauere, bis alle sechs Übungen als Kette eingeübt seien, daß man mit zehn bis zwölf Wochen rechnen müsse. Zugegebenermaßen ist es hier nicht anders als bei vielen anderen Techniken oder auch Sportarten: Mancher wirft die Flinte ins Korn und viele bekennen später: "Ach, Autogenes Training, ja, hab ich auch mal gemacht." Autogenes Training kann, wenn man es gut eingeübt hat, eine effektive Unterstützung für das Erreichen eines Entspannungszustandes sein. Wie alle anderen Entspannungstechniken auch.

6 Handeln analysieren – Objektivität und Psychohygiene

Das Optimale aus der Ressource Ich zu schöpfen hat auch einen Aspekt, der weit weg von Entspannungsübungen, Selbstgesprächen und den inneren Bildern zu bearbeiten ist: das klare Analysieren unseres Handelns nach Erfolgen wie nach Misserfolgen. Es ist deshalb so bedeutsam, weil es eine Entwicklungsvoraussetzung für perfektes Selbstmanagement – zum Beispiel unter Streß – und dessen laufende Weiterentwicklung ist.

Jede **Analyse** setzt im Prinzip an der Beschreibung eines Ist-Zustandes an und an den Bedingungen und Faktoren beziehungweise Ursachen, die diesen Ist-Zustand herbeigeführt haben: Was ist wann und wo warum passiert? Die Außendienstmitarbeiterin hat im Jahr 1998 weniger Lebensversicherungen verkauft (Ist-Zustand) weil, so sagt sie, die Leute ihr Geld zurückhalten, bis der Euro kommt (Bedingung). Der Student etwa, der bei einer Prüfung durchgefallen ist, wird möglicherweise analysieren, er sei durchgefallen (Ist-Zustand), weil der Prüfer zwar fair geprüft habe, er sich aber nicht intensiv vorbereitet habe (Bedingung).

Analysen sind die Grundlage

Analysen sind wir aus allen Bereichen unseres Lebens gewöhnt. Sie sind überlebensnotwendig, wie sonst könnte man aus Vergangenem lernen, seine Ressourcen in Zukunft ökonomischer und effektiver zu nutzen. Analysen helfen, Handlungsergebnisse und Handeln einzuordnen, Motivation aufzubauen und auf seine Wirksamkeit hin zu prüfen, auch um Lern- und Trainingsprozesse steuern zu können, aus Fehlern und Erfolgen zu lernen. Die Frage ist nur, auf welchem Niveau Analysen erfolgen. Ich möchte zwischen

- **objektiven Analysen** und
- **subjektiven Analysen** unterscheiden.

Bei objektiven Analysen steht die Analyse der Sache im Mittelpunkt, bei subjektiven geht es ums psychische „Überleben" der analysierenden Person, um ihre Psychohygiene.

Bei differenzierten, weitgehend objektiven Analysen beschreibt man einen Ist-Zustand und bemüht sich danach, die Bedingungen, die diesen Ist-Zustand herbeigeführt haben, möglichst **objektiv** so darzustellen, wie sie tatsächlich waren. Bei dieser Form der Analyse hat man die gute Chance, auf der Basis einer klaren Situationsbeschreibung für die Zukunft entsprechend planen, trainieren und handeln zu können. Das ist aber nicht immer einfach! Aus zwei Gründen.

Zum einen sind solche objektiven Analysen nicht selten schmerzhaft und das besonders nach **Mißerfolgen**. Man wird mit objektiven Sachverhalten konfrontiert: so war es tatsächlich. Wenn sich etwa wie im Falle der obigen Beispiele herausstellt, daß es nicht die äußeren Umstände oder Zustände waren, die den Mißerfolg brachten, sondern das Unvermögen sich auf sie einzustellen, dann drückt die eigene Verantwortung plötzlich. Druck erzeugt Schmerz tut nicht selten auch in der Seele weh. Die Erkenntnis, daß man seinen Mißerfolg selbst zu verantworten hat, ist dann besonders beanspruchend, wenn sie zu negativen Selbstbewertungen führt. Viele wollen es deshalb gar nicht so genau wissen.

Ein zweiter Grund für die erlebten Schwierigkeiten bei objektiven Analysen ist, daß solche Objektivität eigentlich gar nicht möglich ist. Waren die Auslöser für einen tödlichen Autounfall die abgefahrenen Reifen und die schlechten Bremsen oder die Unachtsamkeit des Fahrers bei der Wartung seines Autos oder seine Fehleinschätzung der Verkehrssituation? Sehr schnell führen solche Objektivitätsbemühungen zu infiniten Regressen. Stichwort: Henne oder Ei?

Die Konsequenz aus solch erkenntnistheoretischer Zwickmühle vermag sich allenfalls pragmatisch und plausibel zu ziehen. Analysen können im Sinne des Wortes nie objektiv sein und sind deshalb mit Achtsamkeit erkauft, mit Respekt und dem Bemühen, redlich zu bleiben.

Erfolg kann blind machen

Bei **Erfolgen** analysiert man übrigens bei weitem nicht so engagiert wie nach Mißerfolgen. Im Erfolgsfalle Selbstverantwortung zu übernehmen schmeichelt: „Ich war/bin eben gut!" „Der Erfolg gibt mir/uns recht" ist einer der dümmeren Sätze. Denn man kann ja durchaus Erfolg haben, ohne etwas dafür zu können. Wozu gibt es schließlich noch Glück und Zufall? Dies zuzugeben würde dem Selbstwertgefühl jedoch nicht so guttun.

6 Handeln analysieren – Objektivität und Psychohygiene   117

Weil es so schwer ist, sich gerade nach Mißerfolgen, aber auch nach
Erfolgen einer objektiven Analyse zu stellen, sich reinen Wein ein-
schenken zu lassen, wird häufig eine andere Form der Analyse gewählt: Die subjektive oder **psychohygienische Analyse**, Balsam für die
Seele. Der Begriff Hygiene steht hier für den Vorgang der Rückstände
–, ja der Abfallbeseitigung: Genauso wie man Hygiene im materiellen
Bereich praktizieren kann, ist das auch im Mentalen möglich. Im Fall
einer konkreten Analyse bedeutet das, daß man Ist-Zustände und deren Bedingungen so beschreibt, daß kein psychischer „Abfall" zurück-
gelassen wird, daß man psychisch „sauber" bleibt, daß man mit sich
im Reinen ist. Das ist dann angewandte **Psychohygiene**.

Zu Denken ist in diesem Zusammenhang beispielsweise an Analysen
von Wahlergebnissen durch Politiker am Wahlabend: „Als erstes
möchte ich den Wählerinnen und Wählern danken... ." Fast unabhängig vom Wahlergebnis haben analysierende Politprofis noch immer
Gründe gefunden, die sie nicht persönlich zu verantworten haben. Die
Botschaft: An uns lag es nicht, es müssen die bösen politischen Gegner
oder die Umstände oder ... gewesen sein.

Es würde zu kurz greifen, dies grundsätzlich negativ zu bewerten,
denn auch das kennen wir, nicht nur aus der Politik, auch ganz privat
oder im Berufsleben: Manchmal sind Menschen völlig am Boden zer-
stört, weil nichts, was sie anpacken, vorangeht. Hier ist es aus thera-
peutischen Gründen oft zeitweise hilfreich, sie psychohygienisch wieder aufzubauen. Dazu trägt man ganz konzentriert und selektiv alle
nur möglichen Bedingungen zusammen, die geeignet sind, aus der Tal-
sohle herauszuhelfen oder sie wenigstens nicht so vernichtend erscheinen zu lassen. Man rationalisiert, relativiert, deutet um, verleugnet
und verdrängt. Man läßt alle Umstände und Bedingungen außen vor,
die in der momentanen Situation negativ wären, noch weiter „herun-
terziehen" würden.

Solches Vorgehen ist aber nur ein seelischer Erste-Hilfe-Koffer. Denn
auf Dauer würde diese Form der Analyse zu unrealistischen, unange-
messenen Selbst- und Situationsbildern führen, letztendlich mit der
schlechten guten Chance, einen massiven Realitätsverlust zu bewirken:
In welcher Welt leben Sie eigentlich? Psychohygiene ist ein nur vorü-
bergehend einzusetzendes Notfall-Medikament. Auf Dauer führen
schwerwiegende Nebenwirkungen zur großen Lebenslüge mit zunehmend sich verschärfendem Verlust an Analysekompetenz.

Analyse-Training

Analysieren setzt systematisches und kontrolliertes Trainieren voraus.

Der amerikanische Motivationsforscher Weiner (*Weiner, B.*: Theories of Motivation. Markham, Chicago, 1972) hat vor fast 30 Jahren ein Konzept vorgelegt, aus dem man Prinzipien für ein solches Training ableiten kann (Abbildung 22). Es gibt nach Weiner **internale** (person-interne) und **externale** (person-externe) **Bedingungen**, die man nach Erfolgen wie nach Mißerfolgen als Ursachen zuschreiben, attribuieren kann. Weiter unterscheidet er relativ stabile und variable Bedingungen. Fangen Sie einmal an, sich in dieses System hineinzudenken, um seine Bedeutung für Ihren Alltag zu verstehen.

Personen-abhängigkeit / Stabilität über die Zeit	Internal	External
Relativ stabil	Fähigkeit	Aufgaben-schwierigkeit
Variabel	Anstrengung	Zufall

Abbildung 22: Ursachenzuschreibung, Attribution von Erfolg und Mißerfolg (nach Weiner, 1972).

Denken Sie an einen Mißerfolg, den Sie kürzlich hatten: Etwas hat nicht so geklappt, wie Sie (und andere) es wollten. Warum? Pech, **Zufall** oder die Aufgabe war nicht zu lösen – zu **schwierig**! Das ist eine Begründung, mit der Sie recht gut leben können. Akzeptabel wäre auch noch: Ich habe mich nicht **angestrengt** („nächstesmal mach ich's besser"). Niederschmetternd aber ist: Ich kann es einfach nicht, ich habe nicht die **Fähigkeiten** dazu!

Dieses Beispiel zeigt, wie Sie dieses Instrument für Analysen einsetzen und damit auch Ihre eigene Gefühlswelt sehr differenziert regulieren können! Ungewöhnlich ist das sicher nicht, nur: Es ist ein sensibles Instrument!

6 Handeln analysieren – Objektivität und Psychohygiene

Erfolg wie Mißerfolg zweckmäßig so zu analysieren, daß man danach mehr Optionen hat als vorher, wäre das Ziel objektiver Analysen.

Aus der Tatsache, daß man nach Erfolgen bei weitem nicht so engagiert analysiert (Der Erfolg gibt uns recht) wie nach Mißerfolgen (Wir müssen etwas tun, damit das nicht mehr passiert) leiten sich einige Prinzipien ab:

- **Analysieren Sie Erfolge** ebenso sorgfältig wie Mißerfolge.

- Suchen Sie im Erfolg wie im Mißerfolg zunächst nach Ihrem **eigenen Anteil**. Im Erfolgsfall resultiert daraus Selbstbewußtsein, im Mißerfolgsfall eine Grundlage für weitere Arbeit und weiterführendes Training.

- Erst wenn Sie Ihren Eigenanteil herausgearbeitet haben, wenden Sie sich **externen Bedingungen** zu (Abbildung 22).

- Eine grundlegende Überlebensbedingung für Teams ist, daß sie im Erfolg wie im Mißerfolg zu **gemeinsamen Analysen** und gemeinsamen Ursachenzuschreibungen finden. Nur dann kann ein Team weiter produktiv arbeiten.

7 ZIELE – WAS MAN ANSTREBT

Handeln ist zielgerichtet, kann sich auf das richten, was man gegenwärtig tut, kann vorausschauend oder rückblickend sein. Es kann sich mit der eigenen Innenwelt oder der Umwelt befassen, der persönlichen oder beruflichen. Man handelt im Leben immer orientiert auf einen Endzustand, auf ein **Ziel**, auch wenn dies einmal mehr, einmal weniger bewußt geschieht. Selbst wenn es in einem Roman heißt, „ziellos irrte er umher", dann wird hier zwar wenig systematisch, aber doch mit dem Ziel gehandelt, wieder eine Orientierung zu finden. Ziele sind für unser Handeln so etwas wie Koordinaten. Am deutlichsten spüren wir das, wenn uns Ziele abhanden kommen, nach einer Niederlage, in einer Krise oder nach einem Verlust, der uns zum Nullpunkt zurückzuwerfen scheint. Die Scheidung nimmt vielen das Ziel, für die Familie da sein zu wollen, der Firmenzusammenbruch das Ziel, in dieser Firma noch eine bestimmte Position zu erreichen, und man fragt sich, „Wie soll es weitergehen?" Man sucht nach neuen Koordinaten, nach dem Ziel, der Richtung, nach dem, was sein soll und muß. Vielleicht auch nach einem neuen Sinn.

Die Zwiespältigkeit von Zielen

Ziele sind zwiespältig. Sie geben einerseits Orientierung, kosten aber andererseits auch Energie. Man beschäftigt sich immer und immer wieder mit ihnen, ändert sie, grübelt über sie nach, hat ihretwegen sogar schlaflose Nächte. Ziele sind nicht selten stark emotional unterlegt, weil man ja oft zweifelt oder sich mit dem Warum beschäftigt. Warum will oder muß ich dieses Ziel erreichen, welche Konsequenzen wird das haben… . Überlegen Sie einmal, in wie vielen Lebensbereichen Sie irgendwelche Ziele verfolgen und wieviel Energie Sie das über Emotionen und Nachdenken kostet. Oft sind Ziele nicht kompatibel, passen einfach nicht zusammen, und das Nachdenken darüber kostet noch mehr Kraft, reibt einen förmlich auf – zum Beispiel bei dem typischen Zielkonflikt berufstätiger Mütter und Väter, daß man im Beruf besser als bisher vorankommen und sich gleichzeitig mehr als bisher um seine Kinder und die Familie kümmern möchte. Manches scheint überhaupt nicht vereinbar, zum Beispiel das Ziel, gesund und fit zu sein, und das Ziel, ein Genußmensch zu sein, der sich nicht bewegt und gerne raucht, ißt und trinkt.

In anderen Fällen ist das Ziel nicht mit der eigenen Person vereinbar. Wenn Sie 40 Jahre alt sind, sollten Sie sich nicht das Ziel stecken, Olympia-Schwimmer zu werden, es ist mit den realen Bedingungen nicht vereinbar und würde nur Energieverschwendung bedeuten. Ähnliches spielt sich in der sogenannten „Midlife-Crisis" ab, wenn Mittfünfziger einsehen müssen, daß gewisse berufliche, soziale oder gesundheitliche Ziele auf keinen Fall realisierbar sind. „Der Zug ist abgefahren", sagt dann der eine oder andere resigniert.

Wunsch und Wille

So können Ziele einen psychisch ganz schön beuteln. Sie können einerseits motivieren und stabilisieren, andererseits fordern und extrem beanspruchen. Bekommt man mit den vielen Zielen Probleme, kann leicht ein inneres Chaos die Folge sein, sie wachsen sich zur Belastung aus. Nicht selten mit Streß als Folge: Werde ich das Ziel erreichen? Was geschieht, wenn ich scheitere? und so weiter. Um die persönlichen Ressourcen besser nutzen zu können, erscheint es mir hilfreich, so etwas wie Ökonomie im Umgang mit seinen Zielen anzustreben. Man sollte lernen, mit Zielen umzugehen, ihre Qualitäten zweckmäßig einzuschätzen, die wichtigen von den unwichtigen zu trennen, die realistischen von den unrealistischen, die verbindlichen von den unverbindlichen. Dabei sind fast unendlich viele Differenzierungen möglich. Eine scheint im besonderen hilfreich und weiterführend: die Differenzierung zwischen **Wunschziel** und **Willensziel.**

Gemeinsam haben beide, daß sie einen Endzustand definieren und anstreben, den man vom Ausgangszustand aus erreichen will. Damit hat es aber dann auch schon sein Bewenden.

Wovon hängt es eigentlich ab, ob ein **Wunschziel** in Erfüllung geht? Immer von einem äußeren Einfluß, von einer externen Instanz; man selbst erbringt keine eigene Leistung, um das Ziel zu erreichen. Lottospieler hoffen auf eine Instanz namens Fortuna, Kinder müssen mit ihren Weihnachtswünschen auf das Christkind und die freundliche Geneigtheit der Eltern hoffen. Wunschziele sind deshalb so reizvoll, weil ihre Erfüllung – sofern sie erfüllt werden – meist schlagartig eintritt. Man gewinnt plötzlich im Lotto, und im Märchen hat man drei

Wünsche frei und könnte auf einen Schlag wunderschön, reich und gebildet sein.

Mit diesen Überlegungen sei nichts gegen Wünsche gesagt. Im Gegenteil: Sie zu haben beschert emotional reichhaltige und auch die Phantasie bereichernde Erfahrungen. Man muß sich vielleicht nur fragen, wieviel Energie man auf sie verwendet, ob sie den Kraftaufwand immer wert sind. Kraft, die dann an anderer Stelle fehlt. Es ist menschlich, Wünsche zu haben, aber man sollte nicht in ihnen versinken, sich nicht allzu sehr von ihnen beanspruchen lassen. Ich halte es schlicht für Vergeudung persönlicher mentaler Ressourcen, sich tagaus, tagein, jahraus, jahrein zu wünschen, man wäre zehn Zentimeter größer, hätte eine schöne Nase, dichteres Haar oder mehr Zeit.

Vergleichen Sie Ihre Wunschziele mit Pokalen. Polieren Sie die schön und stellen sie sauber und glänzend in ein virtuelles Regal, in dem noch viele weitere Pokale sinnbildlich für weitere Wunschziele stehen. Sie sollen dieses Regal auch ruhig in ihrem virtuellen Wohnzimmer stehenlassen und sich daran erfreuen – aber nicht endlos Ihre Energien darauf verschwenden. Das wäre schlicht unökonomisch, denn zum Erreichen von Wunschzielen können Sie nur auf die Fremdleistung, das Glück, das eventuelle Geschenk warten.

Ein Beispiel dazu: Ich selbst treibe gern Sport und bewege auch – nicht mit Eifer, aber mit Liebe und Freude – alles, was zwei Räder hat, mit und ohne Motor. Wenn ich mit dem Motorrad einen Autobahnparkplatz ansteuere, kann ich sicher sein, daß Männer in meinem Alter, meist urlaubs- oder wenigstens freizeitorientiert unterwegs, herankommen und die Maschine betrachten, um dann ihre Standardsätze und -fragen loszuwerden. Erst geht es um PS-Zahl und Hubraum, am Schluß kommt verblüffend häufig die resignative Feststellung, man würde ja auch gerne, aber, na ja, Frau und Kinder, das Alter. Es wird also von einem klassischen Wunschziel geredet. Ähnlich wäre die Geschichte vom urlaubenden Versicherungsangestellten, der in Saint-Tropez die Fünf-Millionen-Mark-Yacht liegen sieht und meint, die zu besitzen, das wäre toll, um dann im nächsten Restaurant die erste Sparrate für ein Diner auszugeben. Das eine will man, das andere muß man.

Willensziele haben andere Sturkturen. Auch sie sind erstrebte Zustände, aber man will sie aktiv, per Eigenleistung, erreichen und ist bereit eine Eigenleistung auch zu erbringen. Man investiert etwas dafür, wendet Kraft und Können, Zeit und Geld auf. Ich stelle mir das wie eine Leiter vor: Die Willensanstrengung besteht darin, daß man sich Schritt für Schritt, Punkt für Punkt oder Tag für Tag mit dem Einsatz von aufs Ziel gerichteter Energie und Kraft an sein Ziel heranarbeitet. Man hat bei diesen kleinen Einzelschritten immer das Endziel, die Vision vor Augen, so wie der Radfahrer auf der Tour de France immer vor Augen hat, in Paris einzufahren, und dafür auf der wochenlangen Tour seine tägliche Leistung Etappe für Etappe erbringt. Er hat ein fernes Ziel im Auge, richtet aber sein Handeln und seine Anstrengungen, alle Energie auf das, was jetzt, im Moment, zu tun ist.

Man kann übrigens auch prüfen, ob ein Ziel Willens- oder nur Wunschzielqualität besitzt, bei dem Eigenleistung nur verschwendete Energie wäre: Man muß sich nur fragen, was man bei der nächsten Gelegenheit bereit ist, tatsächlich zu tun, um dem Endzustand ein Stückchen näherzukommen. Gesteht man sich ehrlich ein, daß kein Einsatz, keine Handlung einen dem Ziel näherbringen kann, handelt es sich wohl doch eher um ein Wunschziel. Wer abnehmen will hat beispielsweise zwei Möglichkeiten: beim Essen jedem mitzuteilen, daß er mit dem Essen jetzt bald etwas kürzer treten müsse oder einfach nur die Hälfte zu essen.

Vor Jahren hatte ich das Vergnügen, einen französischen Nationalhelden, den ehemaligen Radrennfahrer Raimond Poulidor kennenzulernen. Ich war mit meinem kleinen Sohn auf einer Radtour und wir sind mit dem Rennrad in einen Straßengraben eher gefahren als gefallen – das Hinterrad hatte einen unschönen „Achter". Poulidor besaß eine Fahrradmanufaktur in der Nähe und erklärte sich sofort freundlich bereit, das Laufrad zu zentrieren, obwohl es schon Samstagmittag war. Ich nutzte die Chance, ihm ein paar Fragen zu stellen, zum Beispiel, wie er es eigentlich geschafft habe weiterzufahren, wenn er völlig erschöpft auf dem Rad saß und noch viele Kilometer vor sich hatte. Solche Situationen kenne er nur zu gut, lachte er und sagte, er habe dann immer einen Sprint von Platane zu Platane gefahren. Er setzte sich also bewußt extrem kurze Willensziele, um sich auf den französischen Landstraßen, mit ihren häufig ja noch pittoreske Platanenalleen, vom allernächsten Punkt auf das allernächste Ziel zu konzentrieren und schließlich über diese „Leiter" dem großen Ziel näherzukommen. Diese Technik hilft übrigens auch Marathonläufern oder Triathleten, wenn sie während ihrer großen Beanspruchung Krisen erleben. Sie laufen dann im Wortsinne von einem Schritt zum nächsten.

Visionen sind das eine ...

Ein beliebtes und verbreitetes Wort hat in der Businesssprache Konjunktur: **Vision.** Visionen müsse jeder im Zeitalter des Euro haben. Das macht sich gut und suggeriert, daß Menschen mit Visionen Weitblick haben, wirklich große Aufgaben und Ziele sehen und sich nicht mit Mittelmaß abgeben. Das ist im Prinzip auch in Ordnung, meine ich, nur muß man sehen, daß die Vision als eine Leitidee, als übergeordnetes Ziel für sich genommen noch keine Funktion hat, wenn sie nicht mit der angesprochenen Leiter, mit schrittweisen Annäherungen im Rahmen eines klaren Handlungskonzeptes verbunden ist. Nochmals zur Tour de France: Wer sie gewinnen will, muß sich im Training ohne jubelnde Fans und bei jedem Wetter über Tausende von Kilometern quälen, und das über Jahre. Sonst wäre die Vision, bei der Tour ernsthaft mitzufahren, nur eine Seifenblase.

Rauchen Sie oder bringen Sie vielleicht seit ein paar Jahren einige Kilo zuviel auf die Waage? Oft hört man in diesem Zusammenhang die Erklärung, man würde ja gern aufhören zu rauchen, gern weniger essen, aber man habe einfach keine Gelegenheit dazu („all diese Arbeitsessen ...") oder man habe einfach und offen gesagt nicht die Kraft dazu. Aber irgendwie wollen Sie doch abnehmen, weniger rauchen – was ist es denn nun, ein Wunsch- oder ein Willensziel? Beobachten Sie einfach ganz bewußt, was Sie bei der nächsten sich bietenden Gelegenheit tatsächlich tun, um Ihrem Ziel einen Schritt näher zu kommen.

Wie gesagt: Sie können und sollen schrittweise vorgehen. Sie müssen nicht gleich radikal fasten, aber für den Anfang könnte die Beilage statt fetten Pommes aus Salzkartoffeln bestehen – schon ist ein Schritt getan. Sie sagen sich: Ich rauche jede zweite Zigarette, die ich normalerweise rauchen würde, einfach nicht. Oder ich rauche nicht vor 18 Uhr. Das sind Schritte zum Ziel. Irgendwann sind Sie soweit, die Zigaretten dort zu lassen, wo sie hingehören, nämlich in der Schachtel, die Sie gar nicht erst kaufen – Schritt für Schritt zum Endziel eben.

Wenn Sie sich damit überfordert fühlen, handelt es sich noch um ein bloßes Wunschziel, und ich empfehle Ihnen, mit dem Ziel ökonomisch umzugehen und es vorerst schlicht und einfach zu ignorieren, anstatt ständig davon zu reden. Das wäre für Sie und andere Zeitverschwendung. Befassen Sie sich erst dann wieder intensiver damit, wenn Sie glauben, es nun nicht mehr als Wunschziel zu sehen, sondern zum Willensziel machen zu können.

... die Kunst der Zielsetzung ist das andere

Wenn Sie soweit sind, hilft es ihr Willensziel klar zu formulieren, quasi mit sich selbst eine Vereinbarung treffen. Bei manchen Willenszielen kann man das sogar im Team tun. Damit eine solche Vereinbarung möglich wird, brauchen die Ziele eine bestimmte Qualität. Der Denkpsychologe Dörner hat dazu sehr pragmatische Vorschläge gemacht.

Wie man Ziele angehen sollte (links) und welche Strategie kaum Erfolg bringen wird (rechts):

anstreben	–	vermeiden
spezifisch	–	allgemein
klar	–	unklar
einfach	–	mehrfach
explizit	–	implizit

Abbildung 23: Ziele (nach: *Dörner, D.*: Von der Logik des Mißlingens. Rowohlt, Reinbek, 1987).

Man sollte immer **Anstrebungsziele** und keine **Vermeidungsziele** festlegen, also die Ziele positiv formulieren und festlegen, was man konkret und aktiv tun muß, tun wird, um den angestrebten Endzustand zu erreichen. Vermeidungsziele dagegen sind negativ formuliert, legen fest, was unbedingt zu vermeiden ist. Stellen Sie sich die Zahl fünf vor, eine große, plastische Fünf. Die malen Sie im Geiste mit hellgrüner Farbe an. Und nun denken Sie sich beliebige andere Zahlen, vermeiden es aber, an die von Ihnen hellgrün angemalte Fünf zu denken. Konzentrieren Sie sich, denken Sie an alle anderen Zahlen, nur nicht an Ihre hellgrüne Fünf ... . Die Gedanken kreisen nun erst recht um die hellgrüne Fünf. Sie sehen daran das Problem der Vermeidungsziele: Sie haben Magnetfunktion.

Das ist übrigens auch der Grund, warum all die vielen Diäten nicht funktionieren. Auf dem Diätplan ist ja ständig von Essen, Kochen, Zutaten die Rede. Also genau davon, wovon man beim Abnehmen nicht reden sollte. Sobald Sie sich auf die Diät einlassen, kreist das Denken

vorwiegend um Essen und Trinken und die damit verknüpfte Kalorien-
aufnahme. Aber eigentlich hilft Diät doch – denen die sie verkaufen.

Anstrebungsziele dürfen auch nicht zu allgemein sein. „Ich werde wieder fit" ist ein bißchen zu allgemein, um den Motivationsschub, den
ersten Schritt in Richtung Ziel auszulösen. Ziele sollen, so schlägt es
auch Dörner vor, spezifisch sein, sich auf umschriebene und beschreib-
bare Sachverhalte beziehen. Wieder fit werden zu wollen, ist eine belanglose Absichtserklärung, kein Willensziel, kein wirklich konkret
angestrebtes Ziel mit der Aussicht auf erste Handlungen zu seiner Erreichung. Was muß ich dazu tun, was brauche ich, womit fange ich an,
wie kann meine schrittweise Planung aussehen – das könnten Überlegungen sein, um die richtigen Zielformulierungen zu finden (etwa:
„Im nächsten Monat werde ich drei Mal pro Woche eine viertel Stunde laufen"). Auch die Zeitangabe in dem Beispiel ist sinnvoll, denn
Ziele müssen klar, das heißt evaluierbar sein, man muß feststellen können, ob man das Ziel schließlich erreicht hat. Ein unklares, nicht eva-
luierbares Ziel wäre beispielsweise „Ich will ein besserer Redner werden."

In dieses Schema passen auch einfache Ziele (einfach im Zahlensinn) –
sie sind mehrfachen Zielen vorzuziehen. Nehmen Sie sich mit dem Ziel
in die Pflicht – schreiben Sie es explizit und formell auf oder teilen Sie
es geeigneten Personen in Ihrem Umfeld mit. Setzt man sich gleich einen ganzen Strauß von Zielen provoziert man Orientierungsprobleme,
man blickt vor lauter Zielen nicht mehr durch. Die Realisierung rückt
in weite Ferne.

Der Skirennläufer

Nehmen wir aus meiner Praxis das Beispiel eines Skirennläufers, der
eines Tages zu mir kam und meinte, wir sollten doch zusammen psy-
chologisch trainieren, er brauche das wohl. In langen Gesprächen versuchte ich, diesen Skirennläufer kennenzulernen. Eine meiner Fragen
betraf seine Zielsetzung: „Welche Ziele hast Du?" Die Antwort: „Ja …
ich möchte gewinnen!" Darauf meinte ich, daß er ja eben nicht gewin-
ne. Er sah sofort ein, daß genau dies sein Problem war: die Diskrepanz
zwischen den tatsächlichen Ergebnissen und den Zielvorstellungen. In
weiteren Gesprächen arbeiteten wir dann heraus, daß das Gewinnen
nicht eine diffuse Wunschvorstellung sein darf, sondern nur eine Kon-

sequenz des sauberen und schnellen Skilaufens sein kann, daß es also zweckmäßig sei, sich nicht das Ergebnis eines Laufes, sondern das Fahren selbst konkret zum Ziel zu setzen.

Was heißt hier konkret? Im Falle des Skiläufers ist es zum Beispiel beim Slalom angebracht, sich immer den unmittelbar nächsten Schritt in optimaler Konzentration vorzunehmen, also die nächste Stange mit vollem Einsatz und einem stabilen Selbstgespräch anzufahren. Und bei Ihnen könnte es vielleicht das kleine, aber wichtige Gespräch sein, das Sie in der nächsten halben Stunde zu meistern haben. Konzentrieren Sie sich ausschließlich auf dieses Gespräch und denken Sie nicht an das, was vorgestern war oder was als Folge des Gesprächs in drei Monaten sein könnte. Nur das Hier und Jetzt der Situation mit hoher Beanspruchung zählt für Sie.

Warum das so sein muß, will ich weiter am Beispiel des Skirennläufers erläutern. Es ging zunächst nicht darum, zu gewinnen oder eine ganze Stangenkombination optimal zu fahren, sondern das unmittelbare Ziel bestand darin, konzentriert und schnell – jeweils als Zwischenziel – von Stange zu Stange, von Tor zu Tor zu fahren. Zur Unterstützung wurden die Technikelemente, die der Rennläufer während des Tor-Durchfahrens durchzuführen hatte, symbolisch markiert, was in diesem Fall hieß: „Druck" – „weg". „Druck" markierte den Kanteneinsatz und „weg" das Vorbringen des Unterschenkels zum Beschleunigen. Diese analytische Vorgehensweise, unter vollster Konzentration jeweils bis zum nächsten Zwischenziel zu fahren, um dann das folgende Tor anzuvisieren, unterstützte seine fahrerischen Möglichkeiten erheblich. Er konnte seine Ressourcen besser nutzen.

Daran lässt sich arbeiten

1 MOTIVATION – WAS UNS VERANLASST

Würde man Personalberater und Personalchefs nach den wichtigsten Kompetenzmerkmalen von Führungskräften fragen, so würde mit großer Wahrscheinlichkeit die Fähigkeit, sich und andere zu motivieren, mit am höchsten eingeschätzt. Dies aus gutem Grund: Damit, daß man sich und andere motivieren, also zum Handeln oder Nicht-handeln veranlassen könnte, hätte man zweifelsfrei so etwas wie den archimedischen Punkt der Führung gefunden, sich selbst zu entlasten, andere wie auch immer nahezu für beliebige Ziele zu instrumentalisieren und Schwierigkeiten wie Widerstände zu überwinden! Vor diesem Hintergrund ist leicht nachvollziehbar, warum gerade in schwierigen Situationen „Motivationskünstler" gefragt sind, im Wirtschafts- wie im politischen Leben – im Sport sowieso.

Man stelle sich vor, welche Macht sich erschließen würde, wenn man Richtung, Dauer und Intensität des Handelns von Mitarbeitern, Kunden, Kollegen, Vorgesetzten oder Wählern veranlassen könnte! Pünktlichkeit, Hingabe an die Arbeit, Sparsamkeit, Effizienz und Einsatzbereitschaft wären nicht mehr Gegenstand aufreibender, oft ermüdender Dispute, sondern Realität!

Weil Motivation solchen Stellenwert aufweist, liegt es für Unternehmen auf der Hand, ihren Führungskräften entsprechende Seminarangebote zu eröffnen, um sie förmlich motivieren zu lassen (Kick-off-Veranstaltungen) oder ihnen wenigstens den einen oder anderen „Motivationstip" zu geben. Solche Seminare und Tips sind gefragt und im doppelten Sinne des Wortes teuer.

Auffallend ist in diesem Zusammenhang auch, wie leicht und wohlfeil man gute Ideen, Anregungen oder gar Anweisungen bei der Hand hat, wie andere ihr Handeln optimieren könnten. Unternehmensberater und Gewerkschaften scheinen genau zu wissen, was Unternehmer verbessern müßten und vice versa; Geschäftsleitung und Mitarbeitern scheint es gleichermaßen leichtzufallen, gegenseitige Empfehlungen und Anweisungen zur Bewältigung dringender Probleme auszusprechen. Ungleich höhere Anforderungen erlebt man dagegen bei sich, versucht man, sich selbst zu motivieren.

Motivation als Eigenleistung

Diese Gedanken verdeutlichen ein oft schmerzlich erfahrenes Dilemma: Einerseits erscheint Motivation als ein außerordentlich nützliches Instrument der Führung und Beeinflussung, andererseits scheinen Effektivität und Effizienz des Motivierens nur allzuoft mehr als unbefriedigend zu sein. Führungskräfte engagieren sich oft bis an den Rand der vegetativen Übersteuerung, Mitarbeiter zu motivieren. Mitarbeiter resignieren oft, weil ihrem Chef in vielerlei, auch in motivationaler Hinsicht nicht beizukommen ist. Dieses **Dilemma** resultiert aus zwei unzweckmäßigen Annahmen.

- Motivation erscheint vielen als eine Art **Quasisubstrat**, man hat mehr oder weniger davon, kann aus weniger durch Motivieren mehr machen oder durch geschicktes Einwirken zuviel davon abbauen.

- Motivation, so wird darüber hinaus vielfach fälschlicherweise angenommen, ist **reaktiv** und nicht selbst **initiativ**. Angenommen wird, man könne andere motivieren. Dies ist genaugenommen nicht möglich. Man kann nur andere dazu anregen, sich selbst zu motivieren. Dies ist die oft quälende Erfahrung vieler Eltern, Chefs, Trainer oder Erzieher, die versuchen, über äußere Einflüsse wie Lob, Tadel, Belohnung, Bestrafung ihre Kinder, Mitarbeiter, Sportler oder Schützlinge zu motivieren. Meist müssen sie die Unwirksamkeit oder zumindest den entmutigenden Wirkungsgrad solcher Bemühungen einsehen und erfahren, daß Motivation immer das Engagement, die Eigenleistung des zu Motivierenden voraussetzt!

Entscheiden beansprucht

Eigenleistungen, so schreibt der Philosoph und Ruder-Olympiasieger Hans Lenk in seinem Buch „Die achte Kunst" (Edition Interform, Zürich, 1983) sind weder zu delegieren noch in Auftrag zu geben. Man stellt dabei in der Auseinandersetzung mit einem Gütemaßstab sich selbst zur Disposition. Man kann scheitern oder kann Erfolg haben. Dies bedeutet, daß unabhängig davon, wie viele Ratgeber, Berater, Gutachten, Studien oder Trainer man zur Abklärung der Rahmenbedingungen und Perspektiven, auch etwaiger Risiken, finanziert, es letztlich nur auf den Punkt ankommt, an dem man vor der Alternative steht, jetzt selbst zu handeln oder nicht, Erfolg oder Mißerfolg haben

1 Motivation – was uns veranlaßt   133

zu können – hic Rhodos, hic salta! Wer zum Beispiel einen Fallschirm-
absprung, einen Golfabschlag oder einen Sprung vom Zehnmeterbrett
wagt, kann sich durch alle Delegation, Beauftragung und eingekaufte
Kompetenz nicht um diesen Punkt herummogeln, früher oder später
selbst entscheiden und handeln zu müssen – jetzt und hier. Deshalb
strengt Entscheiden an. Man opfert mit jeder Entscheidung mindestens
eine Alternative und hat stets die mehr oder weniger große Unge-
wißheit zu ertragen, falsch entschieden zu haben. Hier macht sich die
Beanspruchung von Entscheidungsträgern und Führern fest, ihre Ein-
samkeit im Moment der Entscheidung, wenn alle Ratgeber und Trainer in den Hintergrund treten.

Ändern, was zu ändern ist

Motivation als Eigenleistung zu begreifen und zu wagen, setzt voraus,
daß man solche Augenblicke und Situationen der Entscheidung erkennt und vorbereitet, und zwar so, daß man seine gute Chance hat.

Weil Menschen, Mitarbeiter wie Führungskräfte, immer in bestimmten Situationen handeln, bedeutet Motivieren, so verstanden, Situat-
ionsmanagement, und dies setzt die subtile Kenntnis des situativen Be-
zugs des zu Motivierenden voraus. Eine **Situation** erfassen wir als eine
Person in einer definierten Umgebung bei der Bewältigung einer
Anforderung zum Zeitpunkt x: Eine Führungskraft (Person) vor der
Geschäftsleitung (Umgebung) beim Präsentieren (Anforderung) einer
Projektplanung. Die Motivation dieser Führungskraft wird dabei von
ihrer Auffassung der Situation abhängen: „Habe ich (Person) die
Fähigkeiten, diese Anforderung zu bewältigen, wenn ich mich anstrenge?" (Abbildung 6). Motiviert ist man dann, wenn man für und mit
sich zu der Auffassung gelangen kann: „Ich bin überzeugt, daß ich eine gute Chance habe, diese Anforderung zu bewältigen, wenn ich mich
jetzt anstrenge!" Anstrengung bedeutet dabei übrigens nicht zwingend
Herausforderung, Kraft, Druck zur Veränderung, sondern kann
durchaus auch Flucht oder bloßes Standhalten sein (Abbildung 10).

Um die Kraft zu ändern, was zu ändern ist, die Gelassenheit zu ertragen, was nicht zu ändern ist, und die Weisheit, das eine vom anderen
zu unterscheiden, hat Oetinger seinen Schöpfer gebeten.

Wird der Zeitpunkt („jetzt"), der verbindliche Zeitpunkt der Entscheidung, aus dieser Situationskalkulation eliminiert, verliert die Situation

jeden Druck, jede Verpflichtung. „Ich bin überzeugt, wenn ich mich anstrenge … .“ (aber jetzt nicht!) ist die gängigste Entlastungsstrategie in Beanspruchungssituationen. Man spiegelt sich Motiviertsein vor, verweigert aber die Eigenleistung! Dies ist angewandte Psychohygiene auf dem Niveau einer Regierung, die sich zum Sparen verpflichtet, ohne den Zeitpunkt der dazu notwendigen Handlungsschritte zu definieren.

„Ich kann ja doch nichts machen"

Nur zu oft erleben sich Führungskräfte, aber auch andere Mitarbeiter – nicht nur in Unternehmen – unmotiviert. Eine Reihe situativer Bedingungen ist dafür ausschlaggebend. Neben dem unrealistischen Bild von sich selbst und ihrer Kompetenz sind es oft Zweifel an den eigenen Ressourcen und Kompetenzen. Um nicht negativ aufzufallen, versuchen viele, eine Strategie der Mißerfolgsmeidung zu fahren; sie bleiben passiv, reaktiv und erleben sich folglich durch die gestellten Anforderungen eher bedroht als herausgefordert oder gar ermutigt. Hohe Anforderungen werden von „Nichtmotivierten" durch den erlebten Zwang oft als negativer Streß erlebt. Sie sind dann nicht selten nur noch mit Hilfe externer Ressourcen, also Pharmaka und Alkohol, in der Lage zu regenerieren und erleben oft nicht mehr sich selbst für ihr Tun und seine Folgen verantwortlich, sondern andere, zum Beispiel resignativ: „Ich kann ja doch nichts machen." Vielfach wird solch eine Situation noch dadurch verschärft, daß die Rückkopplung auf ihr Handeln nicht sachlich, sondern formal erfolgt, über den Verweis auf Dienstwege, Usancen oder ungeschriebene Gesetze im Unternehmen.

Situationsmanagement

In Bezug auf solche Überlegungen wird Motivationskompetenz zur **Kompetenz im Situationsmanagement**. Situation und Konstellation sind für die zu Motivierenden zielbezogen so zu steuern, daß sie zu der Überzeugung gelangen können, eine Chance zu deren Bewältigung zu haben, wenn sie sich anstrengen, also sich selbst zum Handeln veranlassen.

Diese zielbezogene Steuerung um zum Handeln zu motivieren, also zu veranlassen, läuft als kognitiver Prozeß bei dem ab, der sich motivie-

1 Motivation – was uns veranlaßt

ren will. Er hat dazu nacheinander **vier Fragen** zu klären, von deren Beantwortung es abhängt, ob Handeln veranlaßt wird oder nicht. Geklärt werden diese vier Fragen per **innerem Monolog**. Motivationshilfe von außen würde diesen inneren Monolog so stützen, daß erfolgszuversichtliches Entscheiden und Handeln die Konsequenz wären. So gesehen wäre Motivieren nicht gekennzeichnet durch das Einreden auf jemanden, sondern die erste Kompetenz beim Veranlassen einer Person sich selbst zu motivieren, wäre das **Zuhören**.

Abbildung 24 bringt diesen viergestuften inneren Monolog als Prozeßdiagramm der Motivation nach Rheinberg ins Bild (*Rheinberg, F.: Motivation. Kohlhammer, Stuttgart, 1994*).

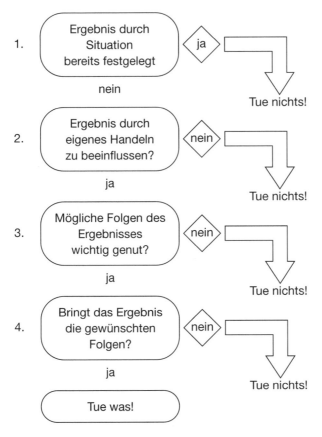

Abbildung 24: Prozeß-Diagramm der Motivation.

Die **erste Frage**, die man sich stellt bevor man eine Anforderung motiviert in Angriff nimmt, ist die Frage nach der Festgelegtheit der **Situation** „Ist das Ergebnis durch die Situation bereits festgelegt?" Beispielsweise wäre niemand zu motivieren für den Versuch drei Meter ohne Hilfsmittel hoch zu springen, das ist einfach nicht zu schaffen, die Situation ist bereits festgelegt. Genauso würde jemand kaum Motivation für eine Bewerbung aufbringen, wenn von vorneherein feststünde, daß er überhaupt keine Chance hat. Erst dann, wenn die Situation eine vielleicht auch nur geringe, aber immerhin eine Chance eröffnet, beginnt man weiter zu denken.

Man kommt zur **zweiten Frage** „Ist das Ergebnis dessen, was ich tun will durch mein eigenes Handeln zu beeinflussen?" Es geht also um die eigene Kompetenz eine prinzipiell offene Situation tatsächlich im Sinne einer Anforderung zu bewältigen. Man prüft sein Wissen und Können, man prüft seine Kompetenz, man prüft, welche Ressourcen man zur Verfügung hat, besinnt sich auf seine Stärken und seine Möglichkeiten. Motivationshilfe von außen wäre hier ein unterstützendes Gespräch für jemanden, der sich seiner eigenen Stärken, seines Wissens und Könnens nicht so gewiß ist, um zu einer gesunden Kompetenzüberzeugung zu gelangen.

Damit, daß man diese Kompetenzüberzeugung hat, ist aber noch lange nichts passiert, denn als **dritte Frage** prüft man die möglichen **Folgen des Ergebnisses**, man fragt sich, ob das Ergebnis wichtig genug ist. Unter Umständen eröffnet die Situation eine Möglichkeit, unter Umständen hat man auch die entsprechende Kompetenz, ist aber am Ergebnis nicht interessiert: „Möglich wäre es schon, können täte ich es auch, aber das Ergebnis interessiert mich nicht." Damit wäre der Motivationsprozeß schon abgebrochen. Wenn allerdings das Ergebnis interessant und attraktiv ist, fragt man sich weiter nach den entsprechenden Folgen. „Was wird das Ergebnis für Folgen nach sich ziehen?"

Um dies an einem Beispiel deutlich zu machen. Es bekommt eine Mitarbeiterin das Angebot in ihrem Betrieb zur Abteilungsleiterin befördert zu werden. Die Situation ist offen, die Stelle ist tatsächlich zu besetzen und die Bewerberin hätte auch die für diese Stelle erforderliche Kompetenz. Das Ergebnis wäre unter anderem eine ansehnliche Gehaltsaufbesserung. Daran sind ja nicht wenige interessiert. Bis hierher, also bis zu dieser dritten Frage, ist aber die Entscheidung für eine Bewerbung durchaus noch nicht gefallen, denn zunächst muß die **vierte**

1 Motivation – was uns veranlaßt 137

Frage geprüft werden „Welche Konsequenzen hat das Ergebnis?" Hier könnte es sein, daß die Gehaltsaufbesserung dadurch erkauft werden muß, daß man morgens früher an der Arbeitsstelle zu erscheinen und abends länger zu bleiben hätte, daß man also zusätzliche zeitintensive Führungsaufgaben übernimmt. Erst dann, wenn diese letzte Frage nach den Konsequenzen auch positiv beschieden ist, hat man eine gute Chance sich zu entscheiden und zu handeln. Dann geht man die Sache motiviert an.

Verwandeln Sie sich in ein einziges großes Ohr

Kennt man diesen Ablauf der Motivation per innerem Monolog und Selbstgespräch bevor man sich für Handeln entscheidet, erscheint die Motivationshilfe von außen in einem anderen Licht. Das **Zuhören** im Sinne der Rekonstruktion der inneren Landschaft, der Vorstellungen über das Handeln in der Situation gewinnt an Bedeutung. Zuhören wird zu einem wichtigen Führungsprozeß. Ich bin der Überzeugung, daß Zuhören gegenüber dem Reden in der Ausbildung von Führungskräften und Unternehmern untergewichtet ist.

Um die inneren kognitiven Monologe eines Mitarbeiters oder einer Mitarbeiterin rekonstruieren zu können, muß man sich also in ein einziges großes Ohr verwandeln, **aktiv zuhören.**Die erste Voraussetzung dafür ist, daß der äußere Rahmen stimmt, das heißt man sollte ungestört sein, so daß man sich vollkommen konzentriert auf die Person einläßt, der man jetzt im Moment zuhört, weil man dazu eine Motivation entwickelt. Die Atmosphäre, die das Zuhören stützt ist freundlich, entspannt. Die Körpersprache signalisiert aufgeschlossene, interessierte Zuwendung.

Ob man gut zuhört, ist als Faustregel daran zu erkennen, daß sich die Person, der man zuhört, im Laufe des Gesprächs öffnet, das heißt zunehmend mehr Bereitschaft zeigt, schwierigere Fragen zu beantworten. Schwierige Fragen sind dabei nicht intellektuell anspruchsvollere, sondern solche Fragen, zu deren Beantwortung ein hoher Widerstand existiert. Eine schwierige Frage ist zum Beispiel für die meisten: „Wie hoch sind Ihre Schulden und wie oft haben Sie schon das Finanzamt betrogen?" oder beispielsweise auch Fragen nach sexuellen Gewohnheiten und Vorlieben.

Ein weiterer wichtiger Aspekt für die Qualität des Zuhörens ist, daß man sein Gegenüber dazu ermuntern kann, sich auch um objektive und nicht nur um psychohygienische Analysen zu bemühen. Schließlich kommt noch ein letzter Aspekt zum aktiven Zuhören hinzu, die **Widerspiegelung.**

Wenn man die Aussagen einer Person, der man zuhört widerspiegelt, wiederholt man ihren sachlichen und emotionalen Gehalt. Dies ist deshalb notwendig, weil der Sinn einer Botschaft immer beim Empfänger entsteht. Um sicherzugehen, daß man die Botschaft der Person, der man zuhört, in ihrem Sinne verstanden hat, ist es also notwendig diese Botschaft mit eigenen Worten zu wiederholen, um dem Gegenüber die Möglichkeit der Richtigstellung, Korrektur oder Akzentverschiebung einzuräumen. Solche Widerspiegelungen beginnen in aller Regel mit Ich-Sätzen. Eine klassische Formulierung in dem Zusammenhang wäre zum Beispiel: „Wenn ich Sie richtig verstanden habe … .“

Daß man beim Widerspiegeln sowohl den sachlichen Gehalt als auch den emotionalen Gehalt der empfangenen Botschaft wiedergibt, hat für den Verlauf eines Gesprächs grundlegende Bedeutung. Die Botschaft beispielsweise „Mein Hund ist überfahren worden“ hat für den Hundefreund einen ganz anderen emotionalen Gehalt als für andere.

Versteht man Management als zielbezogene Steuerung, setzt solches Motivationsmanagement als Grundlage eine von allen Beteiligten akzeptierte **Zielsetzung** voraus (Abbildung 23). Ziele müssen unter anderem als Anstrebungsziele klar, also evaluierbar, einfach, das heißt auf ein Kriterium bezogen, und explizit, also öffentlich, formuliert werden. Unklare, komplexe und implizite Vermeidungsziele sind untaugliche, weil amorphe Orientierungsmarken. Erste Voraussetzung von Situationsmanagement zum Evozieren von Motivation wäre also, zwischen allen Beteiligten Ziele in diesem Sinne zu vereinbaren. Dabei wäre zu beachten, daß es sich um Willensziele handelt, zu deren Erreichung man tatsächlich eine Eigenleistung zu erbringen gewillt ist, im Gegensatz zu gewünschten, zu deren Erreichung man vielleicht eine Fee oder nur Glück oder unkalkulierbare Einflüsse braucht. Wünsche gehen in Erfüllung (oder auch nicht); was man will, muß man selbst bewirken.

1 Motivation – was uns veranlaßt

Voraussetzungen für motivierte Eigenleistung

Auf der Basis solcher Einsicht gilt es dann, weitere Voraussetzungen motivierter Eigenleistung situativ zu entwickeln und zu fördern:

- realistische **Selbsteinschätzung,**
- **Kompetenzüberzeugung,**
- **Erfolgszuversicht,**
- **Herausforderung,**
- **Streß positiv** zu erleben,
- **Selbstverantwortung** und
- sachliches **Feedback.**

Im einzelnen seien diese Bedingungen im folgenden kurz umrissen.

Realistische Selbsteinschätzung ist deshalb eine notwendige Voraussetzung für Motivation, weil man bei unrealistischer Einschätzung seiner selbst und von Anforderungen sich entweder stets zu hohe oder zu niedrige Anforderungen stellt, also Gefahr läuft, sich nicht auf realistischem Anspruchsniveau, sondern im Überforderungs- oder im Unterforderungsmilieu zu bewegen. Führungskompetenz würde in diesem Zusammenhang Hilfen zu realistischer Selbsteinschätzung anbieten (Teil III, Kapitel 3).

Mit **Kompetenzüberzeugung** sind nicht die objektiv vorhandenen Möglichkeiten im Sinne von Wissen und Können angesprochen, sondern die Überzeugung, daß diese Möglichkeiten (die man natürlich realistisch einschätzen muß) auch tatsächlich hinreichen, um gestellte Anforderungen zu bewältigen (Teil III, Kapitel 3). Letztlich geht es hier vereinfacht um die Überzeugung von den eigenen Stärken und nicht das ständige zweifelnde Fixieren auf die eigenen Schwächen.

Erfolgszuversicht gilt als weitere Bedingung für motivierte Eigenleistung. Erfolgszuversichtliche wählen mittelschwere, realistische Aufgaben. Als Erfolgsursachen sehen sie ihre Kompetenz und ihre Anstrengung. Nach Erfolgen erleben sie stärkere oder zumindest gleich starke positive Affekte wie negative nach Mißerfolg. Sie erleben sich in und nach Anforderungssituationen meist gewissermaßen auf der positiven Seite. Mißerfolgsmeidende hingegen setzen sich unrealistische Anforderungen und sehen ihre Erfolge unter anderem durch Glück begünstigt, Mißerfolge durch mangelnde Fähigkeiten. Negative Affekte nach Mißerfolg sind deutlich stärker als positive nach Erfolg (Teil II, Kapitel 6).

Anforderungssituationen lassen sich ferner als **Herausforderung** oder als **Bedrohung** erleben, insbesondere bei Schwierigkeiten. Diese Unterscheidung gründet in zwei verschiedenen Sichtweisen. Bedrohte erleben Schwierigkeiten als übermächtig und schätzen ihre Ressourcen zur Bewältigung gering ein. Wer dagegen Schwierigkeiten als Herausforderung auffaßt, sieht sehr wohl, was auf ihn zukommt, konzentriert sich dabei aber auf seine Stärken und versucht, das Überzeugtsein von seinen Chancen aufrechtzuerhalten (Teil I, Kapitel 3).

Positiver Streß und Verantwortung

Welche Anstrengung man selbst zu erbringen hat, sich zu motivieren, wird besonders in schwierigen Anforderungssituationen erlebbar. In Routinesituationen geht ja bekanntlich fast alles „wie im Schlaf". Schwierige Anforderungssituationen aber, möglicherweise mit riskanten Konsequenzen, sind in der Regel streßinduzierend. Hier begründet sich als weitere notwendige Voraussetzung motivierter Eigenleistung, daß man **Streß positiv** erleben kann. Dies bedeutet viererlei (Abbildung 9):

- die **Freiheit** zu erleben, daß man nein sagen kann, also nicht um jeden Preis in der Streßsituation bleiben muß,
- in der Bewältigungssituation **Sinn** zu sehen und sie nicht als sinnfrei erleben zu müssen,
- **Herausforderung** statt Bedrohung zu erleben, und schließlich
- sich stets wieder aus **eigenen Ressourcen**, ohne Pharmaka, Alkohol und anderes, regenerieren zu können, also durch Entspannung und Schlaf. Auch unter härtesten Anforderungen.

Die Bereitschaft, Motivation als Eigenleistung zu wagen, sollte sich dadurch steigern, daß man für Erfolg wie Mißerfolg **Selbstverantwortung**, das heißt die Sanktionen für ein Handeln, selbst erleben kann. Dies setzt allerdings eigene Ressourcen und Kompetenzen voraus. Insbesondere großen Organisationen, Institutionen und Unternehmen scheint deshalb eine Tendenz zur Selbstlähmung innezuwohnen, weil die Konsequenzen des Handelns des Einzelnen kaum auf ihn zurückfallen und im Falle eines Mißerfolgs stets irgend jemand oder irgendeine Stelle verantwortlich gemacht werden kann. Andererseits sind in großen, für den einzelnen kaum überschaubaren Organisationen Erfolgserlebnisse kaum wahrscheinlich, allenfalls im kleinen Umfeld, weil hier Eigenleistung, bildlich gesprochen, eine Tendenz zum Versickern hat.

Sachliches Feedback: Mitarbeiter, die wissen, daß auf erfolgte Handlungen ein sachliches Feedback kommt, können in dem Wissen handeln, daß ihre Eigenleistung nicht übergangen wird. Der Gegenpol wäre formales Feedback, das heißt der Rekurs auf formale Kriterien bei der Beurteilung: „Ihr Vorschlag ist nicht abwegig, aber er steht Ihnen in Ihrer Position nicht zu." Auch Dienstwege sind solche Formalkriterien. Wenn das Feedback sachlich erfolgt, kann es auch bei Mißerfolgen verarbeitet werden, bestätigt den Sinn einer Eigenleistung und bildet damit einen positiven Schub für die Motivation.

Nimmt man all diese Bedingungen zusammen als Antriebseinheit für Motivation als Eigenleistung und schließlich mehr Eigenleistung durch Motivation, hat jeder Einzelne einen Weg zu mehr Freude und Schubkraft im beruflichen, aber auch im privaten Bereich. Nachdem dies nicht nur ein einfaches think-positive-Programm ist, werden Sie spüren, daß Sie nicht nur mit weniger Zögern und mehr Engagement an Anforderungen herangehen, sondern daß diese auch, alte Muster geradezu aufweichen, dadurch viel effizienter ablaufen und wesentlich häufiger zu positiven Ergebnissen führen können.

2 FITNESSTRAINING – SICH BEWEGEN

Wie immer und wo immer man in die Diskussion um Gesundheitsrisiken oder Krankheitsbedingungen in unserer Gesellschaft eintritt, eines bleibt sich stets gleich: Man stößt über kurz oder lang auf Streß als durchgehend thematisierte Problematik. **Streß** als Ursache, als Wirkung, als Geisel, als Jahrhundertproblem – die Reihe ließe sich beliebig fortsetzen.

Nicht weniger konsequent durchzieht diese Diskussion aber auch die Bewertung von vernünftig betriebenem **Fitnesstraining** als – je nach Temperament – Streßkiller oder einfach nur streßausgleichende Alternative. **Fitness** ist die Anpassungsfähigkeit an mentale und biotische Anforderungen. Dabei ist es sekundär, ob die Verbesserung von **Ausdauer, Kraft** oder **Beweglichkeit** im Vordergrund steht. Wichtig ist in jedem Falle als Basis das persönliche **Wohlbefinden**.

Streßausgleich durch Bewegung

Wissenschaftlich ist Bewegung seit langem als ausgezeichnetes Mittel zum **Streßausgleich** belegt. Erforscht wurde diese Funktion überwiegend beim Ausdauertraining. Erst in jüngerer Zeit entwickelt sich auch zunehmend das Krafttraining zu einer Ergänzung, für manche sogar zur Alternative. Auch hier belegen wissenschaftliche Untersuchungen eine Regenerations- und Ausgleichsfunktion. Der Vorteil des Ausdauertrainings gegenüber dem Krafttraining liegt fraglos in der noch günstigeren Trainingswirkung auf das Herz-Kreislaufsystem.

Viel zu lange ist Fitnesstraining überwiegend medizinisch begründet empfohlen, geradezu verschrieben worden. Eine solche Reduktion bedeutet Verarmung. Fitness und Bewegung ist mehr als die Optimierung biologischer Organsysteme aufgrund medizinischer Indikation. Sie ist ein Prozeß, der den ganzen Menschen einbezieht, also neben biologischen auch mentale und soziale Prozesse und Zustände verändern kann. Es trainieren nie Muskeln, Gelenke, Körper und Kreislauf, sondern immer Menschen, und die müssen sich wohlfühlen bei dem, was sie tun, das ist um so wichtiger, als sie ihre Fitness ja freiwillig trainieren. Dieses Wohlfühlen ist ein bio-mental-sozialer Prozeß.

Fitness verändert Befindlichkeit positiv

In den bislang vorliegenden wissenschaftlichen Untersuchungen, die sich gerade mit den streßausgleichenden Wirkungen von Fitnesstraining und seiner Wirkung auf die Befindlichkeit befassen, wird meist zwischen kurzfristigen und längerfristigen Wirkungen unterschieden. **Kurzfristig** kann körperliche Aktivität im Fitnesstraining zur Beruhigung, Entspannung oder zur Aktivierung, Vitalisierung und sogar zu Glücksgefühlen führen.

Durch das wiederholte Auftreten und Zusammenwirken dieser kurzfristigen kommt es mit der Zeit zu **längerfristigen Wirkungen** sowohl auf die Befindlichkeit wie auch auf die mentale Verfassung. Allerdings wird immer wieder darauf hingewiesen, daß diese längerfristigen positiven Wirkungen eines regelmäßigen Fitnesstrainings sich nur dann einstellen, wenn es auch kurzfristig Spaß macht. Vergiß auf Dauer, was dir *jetzt* keine Freude macht! Wer sich während und nach seiner sportlichen Betätigung wohlfühlt, wird Lust und Freude daran finden, sich auch am nächsten oder übernächsten Tag wieder zu bewegen, also zur Regelmäßigkeit zu kommen. Intensität und Trainingswirkungen ergeben sich daraus dann wie von selbst.

Laufe, staune, gute Laune

Am besten sind die Effekte der Streßreduktion durch regelmäßiges **Ausdauerlaufen** mit geringer Intensität belegt. Schon ein zehn- bis fünfzehnminütiger Lauf erweist sich als hervorragendes Mittel zur Streßreduktion und zur Entspannung. In dem Maße, wie sich der ganze Körper während des langsamen, mäßig intensiven Laufens von Kopf bis Fuß entspannt, wie er lockerer und freier wird, lösen sich auch emotionale Verspannungen. Laufen besänftigt die Affekte, wirkt sedativ, beruhigend, macht ausgeglichener. Die Wirkungen halten nach dem Laufen an. Mäßig intensiv läuft man übrigens dann, wenn man sich dabei noch unterhalten könnte. Ein allgemeines Wohlgefühl, was sich bereits während des Laufens einstellt, verstärkt sich in der Regel noch danach. Die meisten nehmen dieses Wohlgefühl sehr bewußt wahr, und auch ihr soziales Umfeld profitiert davon.

Viele, die regelmäßig laufen, geben an, ihren Sport nicht nur allgemein, sondern auch ganz gezielt als Ausgleich zu ihren beruflichen An-

2 Fitnesstraining – sich bewegen   145

forderungen, wie zum Beispiel dauerndes Sitzen, Aufenthalt in geschlossenen Räumen und anderen Einschränkungen, zu betreiben.

Wissenschaftlich wurde übrigens auch untersucht, was nicht nur Stammtische und Fitness-Freaks interessiert: Ob sich durch Fitnesstraining Körpergewicht abbauen läßt. Sport als Reduktionsdiät. Das Laufen erwies sich für den Abbau von Übergewicht tatsächlich als äußerst geeignet, weniger allerdings durch erhöhten Kalorienverbrauch als viel mehr durch die **Änderung von Einstellungen** im Sinne vernünftigerer Eß- und Trinkgewohnheiten, mäßiger und bewußter. Der Körper wird dadurch von überflüssigem Fett und Wasser befreit, was sich erfreulicherweise auch im äußeren Erscheinungsbild niederschlägt. Die sich verändernde äußere Erscheinung beeinflußt dann wiederum das Verhältnis zum eigenen Körper, den man bewußter wahrnimmt sowie stärker und positiver akzeptiert. Durch dieses gesteigerte Körperbewußtsein lernt man, darauf zu achten, was mit dem Körper geschieht. Man wird aufgeschlossener und empfindsamer für seine Funktionen und Zustände. Durch Laufen, vieles spricht dafür, kommt ein positiver Funktionszirkel in Gang.

Die gesteigerte Sensibilität für den Körper und seine Prozesse geht nicht selten mit tiefgreifenden Veränderungen der Lebensgewohnheiten einher. Unbestritten **positive Auswirkungen** für die Gesundheit sind unter anderem:

- bewußtere **Ernährung,**
- verbesserte **Erholungsfähigkeit,**
- tieferer **Schlaf,**
- größere **Widerstandsfähigkeit** insbesondere gegen Erkältungskrankheiten und
- sehr viel **bewußterer Umgang** mit Alkohol und Nikotin.

Wenn hier überwiegend von den positiven Auswirkungen des mäßig intensiven Ausdauerlaufens die Rede war, hat dies verschiedene Gründe. Zunächst einmal liegen über seine körperlichen und mentalen Wirkungen im Gegensatz zu anderen Bewegungsformen eine Vielzahl wissenschaftlich fundierter Ergebnisse vor. Neben diesem wissenschaftlichen Begründungszusammenhang gibt es für mich aber noch das Argument des **Wirkungsgrades** und der **Zeitökonomie**, das für das Laufen spricht. Mit so wenig Aufwand kommt man mit keiner anderen Bewegungsart zu einem überzeugenderen und nachhaltigeren Fitness-Erfolg.

Machen Sie doch, was Sie wollen

Viele laufen nicht gern. Das ist verständlich, mir geht es genauso. Aber die Landschaft des Fitnesstrainings ist so vielfältig, daß eigentlich für alle etwas dabei ist. In erster Linie muß das Trainieren einen Freiraum darstellen, in dem man sich in einer Situation entsprechend seinen individuellen Voraussetzungen verhalten und entfalten kann: einen Gegenentwurf, eine Art **Gegenwelt** (Teil III, Kapitel 3) zur überwiegend fremdbestimmten Berufs- und Alltagswelt. Und diesen Gegenentwurf gilt es in **Lebenszeit** und **Lebensraum** zu integrieren. Was nützt der Traum vom Bergsteigen, wenn man es als Einwohner der Norddeutschen Tiefebene in seinen Lebensraum einbauen will? Was nützt die Empfehlung, die ich kürzlich einer Fitness-Postille entnehmen konnte: Wenn schon Rennrad fahren, dann ganzjährig im Schnitt zirka 250 km pro Woche! Das ist schon bei einem 25-km-Schnitt mit allem Drum und Dran fast ein Halbtagsjob. Deshalb gilt es, seinen eigenen Weg zu finden, nach seinen individuellen Vorgaben.

Wer einmal Lust verspürt, das selbstgesetzte Pensum zu überschreiten, sollte es auch tun. Wer sich dagegen beim Fitnesstraining aus irgendwelchen Gründen einmal nicht wohlfühlt, tritt etwas kürzer. Selbstbestimmtes Handeln und Entscheiden ist in diesem Zusammenhang eine Selbstverständlichkeit – Fitness als Lebensstil. Ist dies nicht der Fall, kann aus einer für Körper und Geist wohltuenden körperlichen Aktivität sehr leicht eine psychische Beanspruchung erwachsen, die Streß nicht abbaut, sondern zusätzlich aufbaut.

Man kann im Grunde fast jede Art einer im vernünftigen Rahmen betriebenen körperlichen Aktivität als Fitnesstraining befürworten und unterstützen. Will man aber körperliche Bewegung darüber hinaus unter dem Gesichtspunkt ihrer streßausgleichenden und entspannenden Wirkung betreiben, so gibt es doch Bewegungsarten, die als ganz besonders geeignet gelten. Sie haben drei Merkmale gemeinsam:

- **Offenheit der Anforderung,**
- **Angemessen intensive Beanspruchung** und
- **Rhythmisierung.**

2 Fitnesstraining – sich bewegen   147

Offenheit der Anforderung

Dies ist vor allem bei Bewegungsformen der Fall, die durch geringe Vorgaben eine Individualisierung des Trainings fördern. Die Anforderungen sind überwiegend offen und frei und weniger von außen vorgegeben.

Es eignen sich besonders Bewegungsformen, bei denen man Bewegung bewußt wahrnehmen muß und nach und nach einen persönlichen Bewegungsrhythmus entwickeln kann. Das intensive Hineinhören in den eigenen Körper fördert das Körperbewußtsein und mithin die Voraussetzung, mit Körperspannung und -entspannung bewußter umzugehen. Die zunehmende Sensibilisierung für die Signale des Körpers begünstigt ein Sich-öffnen nach innen. Besonders für Anfänger bieten in dieser Hinsicht individuelle Bewegungsformen, also alleine durchgeführtes Bewegungstraining, Vorteile. Denn jemandem, der alleine durch den Park joggt, fällt es unter Umständen sehr viel leichter, sich auf den eigenen Körper und die eigene Bewegung zu konzentrieren, als jemandem, der ständig auf die Aktionen seiner Mitspieler und Gegenspieler achtet, einem Ball nachjagt, läuft oder radfährt und dabei ständig aufpassen muß, daß er mitkommt oder nicht zu schnell zu wird! Es empfiehlt sich jedoch vorher und bei den ersten Schritten sachkundige Anleitung – gewissermaßen als Prävention gegen Fehl- und Überbeanspruchung. Die Konsultation eines Sportarztes ist ohnehin regelmäßig angezeigt und zweckmäßig.

Angemessen intensive Beanspruchung

Wer von seinem Fitnesstraining spürbare streßausgleichende Wirkungen erwartet, sollte sich regelmäßig angemessen intensiv und ausdauernd beanspruchen. Es gilt eine bestimmte Schwelle der Beanspruchung zu überschreiten, um Trainingseffekte zu erzielen und mentale Spannungen über Bewegung abbauen zu können. Diese Schwelle liegt aber viel niederer als die meisten denken. Man sollte sich nebenher noch unterhalten können, dann hätte man die angemessene Intensität.

Rhythmisierung der Bewegungsabläufe

Gibt man dem Rhythmus einer Bewegung nach, hat man oft das Gefühl, daß sich die Bewegung verselbständigt und auf einmal alles wie von selbst geschieht, das Fahrrad rollt plötzlich, der Langlaufski gleitet wie von allein, die Musik trägt einen beim Tanz. Dies entlastet psychisch wie körperlich und fördert positive Gefühle. Bei Ausdauerbeanspruchung bekommen dann die Gedanken einfach freien Lauf. Der Kopf wird frei, die Gedanken kommen zur Ruhe, gehen gewissermaßen in der Bewegung auf. Aber die Grundvoraussetzung jedes Fitnesstrainings ist und bleibt die Motivation, sich zu bewegen.

Sich bewegen, sich zu bewegen

Schaut man sich die statistischen Angaben an, daß ungefähr vierzig Prozent der Bevölkerung stolz behaupten, regelmäßig Sport zu treiben, kann man schon ins Grübeln kommen! Schwimmen und Radfahren werden als Hauptsportarten angegeben, aber auch sonst wird angeblich alles mögliche praktiziert: Tennis, Badminton, Skifahren, In-line-skating, Wandern … . Irgendwie werde ich den Verdacht nicht los, daß sich hier viele mächtig in die Tasche lügen, daß sie Duschen und Baden oder hundert Meter Radfahren zum Briefkasten für regelmäßigen Sport halten.

Ich glaube, daß hier nicht selten der Wunsch der Vater des Gedankens ist; der ewige Vorsatz, den man mit sich herumträgt, ohne sich auf einen definierten Zeitpunkt festlegen zu wollen. Besonders Schlaue versuchen sich zu überlisten, indem sie ein Sportgerät kaufen – ein paarmal wird es hektisch-begeistert benutzt, dann steht es verstaubt in der Ecke.

Denken Sie einmal an Ihren Bekanntenkreis: Es ist doch sicher jemand darunter, der eine dick mit Staub überzogene Fitness-Kombibank oder einen Fahrrad-Home-Trainer zu Hause stehen hat. Ähnlich traurig sieht es mit manchen gemeindeeigenen Schwimmbädern aus, die zu kaum genutzten Mausoleen eines Aufbruchs ins Fitness-Zeitalter in den sechziger und siebziger Jahren verkommen sind.

Aber natürlich hat kaum jemand etwas gegen ein bißchen Fitnesstraining, Hauptsache, man muß es nicht selbst betreiben. Standard-Bemerkungen dazu: „Hab' ja früher auch gesportelt", „Sollte auch mal wieder was tun", „Wollte ja schon lange wieder anfangen, hatte aber noch keine Zeit." Sport und Fitness haben für die meisten von uns durchaus einen hohen Stellenwert, sie gelten als sozial akzeptiert, wichtig und positiv.

Man fragt sich, wie dann solche Diskrepanzen entstehen zwischen der Zahl der sich verbal zu Sport und Fitnesstraining Bekennenden und der tatsächlich Aktiven, der Fernseh- und der Rasensportbegeisterten. Der Geist ist willig, aber das Fleisch ist schwach: Etwas tun heißt Widerstände überwinden. Und im Training kann man das eigene Tun nun einmal nicht delegieren, es geht nur per Eigenleistung. Manche Magazine verheißen zwar im heutigen Service-Trend auf dem Titel „Wir machen Sie fit", aber das ist Blendwerk, man kann sich nur *selbst* durch eigenes Tun fit machen, es gibt – leider – keinen anderen Weg.

Die Mär vom inneren Schweinehund

Aber was hindert eigentlich daran, etwas zu tun? Aus der Sport-Mottenkiste oder dem Bewegungs-Wunschkabinett wird da auch heute noch verbreitet, skurril zwar, aber anschaulich, ein Tier bemüht. Um die großen inneren Widerstände zu überwinden, raten Trainer, Experten und erfahrene Sportfreunde, man müsse nur den inneren Schweinehund überwinden. Diese Diktion kennen wir von Kasernenhof und Truppenübungsplätzen.

Trotz solch herber Ansprache setzen sich dann viele in Bewegung, und schon kommt der Schweinehund aus seiner Hütte, bei Untrainierten so etwa nach den ersten fünf Minuten. Die Lunge pfeift, die Brust wird eng, die Schuhe drücken, und schon werden die Wadenmuskeln ganz hart. Mit grün-weißem Nasen-Mund-Dreieck und wild klopfender Pumpe kehrt man zurück, kann am nächsten und vor allem am übernächsten Tag vor Muskelkater-Schmerz kaum gehen. Danach noch ein paar Versuche – innerer Schweinehund, Dir werd' ich's zeigen –, aber das Ende vom Lied ist meist, daß man ganz aufgibt: „Das ist nichts für mich, erst der Muskelkater, dann zieht es im Knie, zwickt im Kreuz, und Spaß macht's auch keinen." Der große Plan für eine neue Bewegungskarriere wird wieder zum Wunschtraum.

Gerade wenn man länger sportlich nicht mehr aktiv war, ist es ohne Wissen auch nicht einfach, wieder „reinzukommen". Man hat schon etliches Übergewicht zugelegt und weiß nicht allzuviel über technische

Ausrüstungsdetails oder funktionelle Bewegungsabläufe. Muskelkater- und Gelenkschmerzen gelten auch nicht gerade als wirksame Motivationsstütze.

Ich lade Sie ein, meinen Weg zur Bewegung und zum Fitnesstraining mitzugehen, vielleicht finden Sie ja dadurch einen Zugang. Denn eines steht ganz außer Frage: Der Mensch lebt von Bewegung und entwickelt sich in Bewegung. Bewegung ist ein ausgezeichnetes Mittel zur Streßreduktion.

Drei Barrieren

Ich fange da an, wo die meisten Fitnesswilligen stehen: bei den Barrieren, die sich eigentlich allen über kurz oder lang, mehr oder weniger stellen. Es scheinen drei zu sein:

*   der **Körper**,
*   die **Motivation** und
*   die **Zeit**.

Schauen Sie einmal bei schönem Wetter auf die Wiese im Stadtpark: Kleine Kinder tollen da wie die Wilden herum, sie kugeln umher wie Gummibälle, verbiegen sich manchmal auf abenteuerliche Weise und es macht ihnen, wie es scheint, auch noch Freude. Wenn man dann an sich selbst denkt – wie schwer würde man sich tun, da mitzumachen, wie schnell würde man sich verletzen –, wird einem schnell klar, daß der **Körper** schon eine Barriere sein kann. Wie viele Väter erleben die deprimierende Situation, daß ihr fünfzehnjähriger Sohn sie auf dem Fahrrad mühelos abhängt, während Papa weit abgeschlagen mit hochrotem Kopf sein Letztes gibt.

Die Überschätzungs-Falle

Barriere Nummer zwei, die **Motivation** (Teil III, Kapitel 1) – also die Veranlassung für eine Eigenleistung, nämlich sich zu bewegen –, ist umso höher, je unrealistischer das Ziel ist. Viele, insbesondere diejenigen, die sportlich lange nichts mehr getan haben, neigen zu bedrückender Überschätzung ihrer körperlichen Möglichkeiten. Sie meinen, nach zehnjähriger körperlicher Passivität könnten sie exakt an dem Leistungsniveau anknüpfen, mit dem sie damals aufgehört haben. Den körperlichen Abbau durch fehlende Bewegung in den zehn Jahren ig-

2 Fitnesstraining – sich bewegen   151

noriert man leicht, nicht selten zum eigenen Nachteil. Dazu zwei Beispiele aus meinem Bekanntenkreis:

Ein erfolgreicher selbständiger Versicherungsmakler sieht bei seinem Freund ein Rennrad und rüstet sich, weil ihm der Arzt Bewegung empfohlen hat, umgehend für mehrere tausend Mark in der Art eines Profirennfahrers aus. Die erste Ausfahrt endet im Notarztwagen. Diagnose: Kreislaufkollaps.

Der Deutschlandrepräsentant einer amerikanischen Werkzeugfirma berichtet seinem Freund, daß er vor fünf Tagen seinen jährlichen 60-km-Skilanglauf absolviert habe und immer noch nicht wieder recht gehen könne. Zum Trainieren habe er halt keine Zeit, aber diesem jährlichen Leistungstest wolle er sich doch regelmäßig unterziehen. Inzwischen sei er aber wahrscheinlich doch zu alt geworden.

Beide Begebenheiten haben einen gemeinsamen Kern. Die beiden im Beruf Erfolgreichen unterwarfen sich Normen anderer, sie versuchten tatsächliche oder vermeintliche Erwartungen anderer zu erfüllen und erzwangen per Kopf, per Ratio, von ihrem Körper eine Leistung, die ihn überforderte. Dabei legten sie Maßstäbe an, die sie auch im Beruf anlegen und in denen ihr Erfolg wesentlich gründet: „Willen, Effizienz, Überbieten, Leistung, Ergebnisse vorzeigen." Sie verdoppelten also ihre beruflichen Ansprüche im Sport. Da ist nur ein Unterschied: Ihren Beruf üben sie regelmäßig aus, sind darin bestens trainiert und höchst belastbar.

Hier lauert eine **Überschätzungsfalle**: Die Zielstellung in den beiden geschilderten Fällen orientierte sich nicht an der eigenen tatsächlichen, körperlichen, sondern an der vermeintlichen, der angenommenen Leistungsfähigkeit. Ich bewege mich nicht so, wie ich kann, sondern so, wie ich glaube, die anderen beeindrucken zu können! Die Konsequenz ist ein Realitätsschock und damit eine gehörige Portion Frustration und Entmutigung. Keine guten Voraussetzungen für weitere Motivation.

Beide beschritten einen Weg, der ihnen den regelmäßigen Genuß am Fitness-Trainieren verbaut, weil die sportliche Aktivität jeweils so unattraktive Folgen nach sich zieht, daß sich kaum eine stabile Motivation aufbauen kann. Dabei bleibt unbenommen, daß man sich auch sportlich hoch fordern kann, aber eben nur unter der Voraussetzung, daß man trainiert hat und trainiert ist. Die hohe Leistungsanforderung darf keinesfalls am Anfang stehen.

Stabile Motivation basiert auf zwei Pfeilern: realistische **Selbstein-schätzung** und gemäßigt neue **Anforderungen**. Am Anfang steht deshalb vernünftigerweise ein mäßig anspruchsvolles Ziel. Es gilt nicht, sportlich zu wirken oder Leistungen anstreben, sondern endlich etwas tun – einfach so. Im Vergleich zu denen die es können, sehen am Anfang alle, ob sie wollen oder nicht, schlecht aus. Solcher Vergleich ist müßig. Die meisten Radtouristen meinen zwar, sie sähen auf dem Rad so ähnlich aus wie Jan Ullrich, aber das hat mit dem Bild, das sie tatsächlich bieten, kaum etwas zu tun. Die meisten Einsteiger beziehungsweise Wiedereinsteiger in Sachen Fitnesstraining scheitern daran, daß sie nicht ihre eigenen Bedürfnisse, sondern ihre Wirkung nach außen zum Maßstab ihres Tuns machen und sich dabei übernehmen. Ein Mittvierziger sagte mir: „Wenn ich so laufe, wie Sie vorschlagen, ist das viel zu langsam, das ist doch kein Sport!" Erstens *ist* es Sport, und zweitens geht es beim vorsichtigen Anfang darum, daß es Ihnen und nicht irgendwelchen Passanten Freude macht.

Wer sich als bewegt erlebt, bekommt eher Lust, sich wieder peu à peu sportlich zu betätigen. Anfangs geht es in erster Linie um eine gute Motivation, Fitness ergibt sich dann von ganz selbst, weil Sie dann ja zur regelmäßigen Bewegung gefunden haben und positive Trainingswirkungen zwangsläufig einsetzen.

Die Barriere **Zeit** wird nach meiner Erfahrung am häufigsten zur Rechtfertigung körperlicher Trägheit vorgeschoben und übrigens von anderen auch schnell akzeptiert – wer hat schon Zeit? Das Ich-habe-keine-Zeit-Argument ist das häufigste, um sich letztlich doch vor dem Training zu drücken, das angesichts des allgemeinen Bewegungsmangels eigentlich jeder für notwendig hält. Man gibt vor, keine Zeit zu haben und blockt damit die Bewegungs-Wohltaten für sein wichtigstes System ab. Keine Zeit zu haben ist die billigste Münze, sich von Verpflichtungen sich selbst und anderen gegenüber frei zu kaufen! „Ich weiß: Natürlich müßte ich etwas tun, aber ich habe einfach keine Zeit dazu." Dazu zwei Fragen und zwei Feststellungen: Welches ist Ihr wichtigstes System? Antwort: Ihr Körper! Wie viele Minuten in der Woche ist Ihnen dieses System wert? Antwort: Hoffentlich mehr, als Sie für Ihr Auto aufwenden! Die beiden Feststellungen: Zeit hat man nicht, man nimmt sie sich, und für alles, was Sie tatsächlich wollen, haben Sie auch Zeit. Das ist wie mit dem Geld. Es gibt keinen Mangel an Geld, was Sie wirklich wollen, kaufen Sie sich auch – und wenn Sie sich das Geld dazu leihen.

Integriertes Training

Eine Idee, damit man ein Bewegungstraining auf die Reihe bekommt wäre vielleicht, den Einstieg möglichst zeitneutral zu gestalten indem man das Training in den Alltag integriert, gewissermaßen zur Alltagsroutine werden läßt. Man trainiert

- während des routinierten **Tagesablaufs,**
- in der gewohnten **Umgebung,**
- ohne große **Vor- und Nachbereitung** und
- ohne wahrgenommene **Zeiteinbuße.**

Stationen eines **routinierten Tagesablaufs** sind zum Beispiel: nach dem Aufwachen noch im Bett liegenbleiben, Duschen, Umkleiden, Höhenunterschiede in Gebäuden überwinden, Gegenstände anheben und tragen, Warten, Sitzen, Stehen, Gehen.

Gewohnte Umgebungen sind zum Beispiel der Schreibtisch, Stühle, das Auto, Treppen, öffentliche Verkehrsmittel.

Die **Vor- und Nachbereitung** von Bewegung ist eine geradezu gefürchtete, zumindest aber immer wieder thematisierte Zeitfalle: „Ich würde ja gern Tennis spielen, aber bis ich auf dem Gelände bin, mich umgezogen habe und spielen kann, ist schon eine ganze Stunde futsch." Das Erleben einer **Zeiteinbuße** entfällt dann weitgehend, wenn man sein Bewegungstraining in Zeiten einplant, in denen man sich ohnehin in einer Übergangssituation im Tagesablauf befindet, zum Beispiel nach dem Aufwachen, nach dem Aufstehen, vor dem Duschen, vor dem Umziehen. Einige Anregungen und Ideen, was und wie man im einzelnen trainieren kann, zeigen die folgenden Abschnitte über Ausdauer-, Beweglichkeits- und Kraftfitness. Darüberhinaus gibt es eine differenziert sortierte Fachliteratur über Trainingsformen und -möglichkeiten für jede Interessens-, Ausgangs- und Ziellage.

Vier Ziele

Vier Ziele sollen mit dem Fitnesstraining verfolgt werden, nämlich die Verbesserung von

- **Wohlbefinden,**
- **Ausdauer,**
- **Beweglichkeit** und
- **Kraft.**

Wohlbefinden

Der Lehrmeister, damit die anfängliche Lust auf Bewegung auch bleibt, ist **Wohlbefinden**. Anzustreben sind positive Gefühle, Stimmungen und Empfindungen. Beschwerden und Schmerzen zeigen an, daß das Bemühen in die falsche Richtung driftet. Becker (*Becker, P.*: Theoretische Grundlagen. In: *Abele, A., Becker, P.* (Hrsg.): Wohlbefinden. Theorie – Empirie – Diagnostik. 2. Aufl., S. 13-49, Juventa, Weinheim, 1994) sieht zwei Wege zum Wohlbefinden:

- auf direktem Weg über **Erfahrungen**, die man als positiv, belohnend und lustvoll erlebt, und zum zweiten
- durch die Beseitigung oder den **Abbau aversiver Zustände** wie Schmerz und Angst.

Für viele ist die eigene Bewegungskarriere durch Erfahrungen in der Schule oder auch beim Militär, nicht mit dem Abbau, sondern dem Aufbau aversiver Zustände assoziiert – leider. Aber es gibt einen Weg. Becker schlägt als direkten Weg zum aktuellen Wohlbefinden vor, fünf Bedingungen zu beachten. Sie lassen sich ohne Probleme auf ein Fitnesstraining übertragen, wenn es so dosiert ist, daß es

- angenehme **Erfahrungen**,
- erfolgreiches **Handeln**,
- soziale **Zuwendung**,
- angenehme **Umstände** und
- positive **Phantasiefähigkeit** ermöglicht.

Es geht nicht um Menge und Pensum, sondern um Qualität und Wohlbefinden. Sich bewegen, und nur das ist das Ziel, muß zu den kleinen Freuden des Alltags gehören. Mir scheinen in diesem Zusammenhang vier Kriterien hilfreich. Man bewegt sich so,

- daß man sich **wohlfühlt**,
- daß man sich **mit seinem Atem** und nicht seinen Atem davonbewegt,
- daß man nach zwei Tagen **Lust hat, es wieder zu tun** und schließlich,
- daß man am Ende des Trainings das Gefühl hat, man hätte noch **Reserven**.

Ausdauer

Ein bewährter Einstieg zum Ausdauertraining ist ein dreimaliger Lauf in der Woche mit je zehn bis fünfzehn Minuten. Beim Fahrradfahren verdoppelt sich die Zeit. Anzustreben wäre während des Trainings ein Puls von höchstens 180 minus Lebensalter. Wenn das anfangs noch nicht klappt, geht man zwischendurch, beziehungsweise tritt im Sinne des Wortes kürzer.

Für einen ersten Einstieg bietet sich ein Fünf-Punkte-Training an, das sich in den Alltag integrieren läßt. Statt zu laufen bieten sich natürlich auch andere Bewegungsarten an.

Das Fünf-Punkte-Ausdauertraining

1. Alle Treppen zu Fuß gehen.

2. Treppen zügig hochlaufen.

3. Beim Treppensteigen immer eine Stufe auslassen.

4. Das Auto möglichst oft stehenlassen und statt dessen mit dem Rad fahren oder zu Fuß gehen.

5. Dreimal mal in der Woche 10-15 Minuten laufen und sich wohlfühlen.

Beweglichkeit

Schauen Sie sich einmal an, wie alte Menschen gehen. Ihr typisches Gangbild ist durch eine Vorwärts-einwärts-Neigung gekennzeichnet, Alternsforscher sprechen von einer Fallneigung. Diese Haltung ist aber nur scheinbar alterstypisch; sie ist tendenziell auch bei Jüngeren vorhanden. Bewegungen Älterer sind kürzer, eingeschränkter, weniger weit, die Beweglichkeit ist eingeschränkt. Die Folge sind muskuläre Dysbalancen und Gelenkbeschwerden.

Man kann solchen Entwicklungen entgegenwirken, und zwar täglich, indem man den Spielraum, die Amplitude seiner Gelenke im Rahmen der physiologischen Möglichkeiten auszunützt – also dadurch, daß man seine Beweglichkeit aktiv so gut wie möglich erhält. Stretching ist eine moderne Variante, körperlich sinnvoll, aber nicht so Sinn-voll wie Yoga.

Wer rastet der rostet. Je weniger man seine Beweglichkeit ausnutzt, desto steifer wird man. Wer dagegen seine Beweglichkeitsfitness durch Stretching, Yoga, Aerobic oder Gymnastik fördert, profitiert davon körperlich und seelisch.

Das Fünf-Punkte-Beweglichkeitstraining

1. Schuhe im Stehen binden, ohne sich anzulehnen.

2. Beim Duschen sich am ganzen Körper einseifen ohne sich abzustützen.

3. Morgens vor dem Aufstehen: Rückenlage, das eine Knie mit beiden Händen an den Körper ziehen, versuchen, es mit der Nase zu berühren. Das andere Bein bleibt liegen. Einige ruhige Atemzüge lang, im Wechsel.

4. Eine Hand von oben hinter den Kopf führen und versuchen, die von unten geführte andere Hand hinter dem Rücken zu berühren. Einige Atemzüge lang, im Wechsel.

5. Auf einem Stuhl sitzend die Hände hinter dem Kopf verschränken und den Oberkörper ganz langsam (nicht wippend) nach rechts und nach links drehen. Mit jeder Ausatmung ein wenig mehr drehen.

Kraft

Hier rauben einem die Lebensjahre viel, wenn man nichts tut. Ein sechzigjähriger untrainierter Mann hat bereits 40 Prozent weniger Muskelmasse als ein zwanzigjähriger Untrainierter, bei Frauen liegen die Verhältnisse ähnlich. Bedenkt man, daß Sechzigjährige im Durchschnitt einiges mehr wiegen als Zwanzigjährige und Zwanzigjährige im Durchschnitt 25 Kilo Muskelmasse haben, so bedeutet das im Verlauf von 40 Jahren einen natürlichen Verlust von runden zehn Kilogramm Muskelmasse – und das bei zunehmendem Körpergewicht, was die Relation von Fett und Muskulatur noch mehr verschiebt. Muskeln halten und stützen unser Skelett. Zusammen mit dem Übergewicht bedeutet die schwindende Muskelmasse also eine Überbeanspruchung des Halte- und Stützapparates, vor allem eben der Wirbelsäule, des am stärksten beanspruchten Teils des Skeletts.

2 Fitnesstraining – sich bewegen

So ergeben sich Konsequenzen, wenn man auch jenseits der 20 körperlich möglichst leidensfrei leben will: die Stützung der Wirbelsäule durch entsprechendes Krafttraining für Bauch und Rücken. Es gilt, durch systematisches Training ein physiolgisches Muskelkorsett für die Wirbelsäule zu schaffen. Die Chancen zur Stabilisierung der Wirbelsäule durch Muskeltraining sind in jedem Lebensalter gut. Man ist nie zu alt, sondern nur zu faul – sofern man gesund ist.

Wohl gerade deshalb nimmt **Krafttraining** im Gesundheits- und Breitensport inzwischen großen Raum ein. Es grassieren allerdings eine Menge unzweckmäßiger Meinungen, zum Beispiel die, daß man dazu Tonnen von Gewichten heben müsse. Tatsächlich muß man dazu kein Fitnesstudio aufsuchen oder irgendwelche Hanteln und Kraftmaschinen einsetzen, sondern es genügen auch regelmäßige Übungen von erstaunlich geringem Umfang.

Im Alltag, quasi ganz nebenbei, läßt sich Krafttraining mit fünf Übungen einbauen ohne besondere Trainingszeiten im Terminkalender „freischaufeln" zu müssen. Nach dem Prinzip: Wenig, aber regelmäßig. Es kann so zum ganz selbstverständlichen Teil des Tagesablaufes wie das Zähneputzen oder Duschen werden.

Das Fünf-Punkte-Krafttraining

1. Vor dem Aufstehen in Rückenlage den Kopf Richtung Fußspitze anheben und einige Atemzüge lang halten.

2. Beim Zähneputzen die Beinmuskulatur trainieren: Mit dem Rücken mit geradem Oberkörper an der Wand stehen, Oberschenkel waagrecht, Unterschenkel im 90-Grad-Winkel dazu senkrecht.

3. Im Auto (bitte nur wenn es die Fahrsituation zuläßt, zum Beispiel im Stau) das Lenkrad mit aller Kraft etwa sieben Sekunden lang zusammendrücken und wieder loslassen.

4. Beim Stehen oder beim Sitzen die Bauchmuskeln und das Gesäß fest anspannen.

5. Beim Tragen einer Tasche oder eines Koffer: die Schulterblätter zusammenhalten, den Arm leicht beugen und den Bauch einziehen.

Bei allen Kräftigungsübungen regelmäßig und ruhig weiteratmen und bei der Anspannung besonders auf die Ausatmung achten.

Natürlich überschneiden sich Ausdauertraining, Beweglichkeitstraining und Krafttraining bei vielen Bewegungsformen. Das ist auch gut so. Ich sehe in solchem Fitnesstraining fünf Wirkungen, mit Streß präventiv wie rehabilitativ ökonomischer umzugehen. Man kann damit:

- **Abstand gewinnen** zu den Problemen der Welt, um sie später aus anderer Perspektive und meist gelassener aufzunehmen.

- den Bogen zwischen **Spannung und Entspannung** am eigenen Leib erfahren. Wer entspannt ist, kann keinen Streß erleben, und umgekehrt.

- **Strategien trainieren** (zum Beispiel Selbstgespräche steuern, Ziele setzen, Vorstellungen regulieren, Handeln analysieren) und modellhaft zur Bewältigung von psychischen und physischen Anforderungen durchspielen.

- seine **mentalen** und **körperlichen** Voraussetzungen mit Streß umzugehen, verbessern. Das veränderte **Körperbild** und ein Gefühl muskulärer Straffheit vermittelt körperliche Leistungsfähigkeit, die sich beispielsweise bei der Bewältigung anstehender Anforderungen positiv auf das Selbstbewußtsein und die Erfolgszuversicht auswirken kann.

- **Anforderungen individuell** und ohne Druck steuern, realisieren und bewältigen, sich also individuell fordern und als effizient erleben kann.

Das Gefühl körperlicher Fitness läßt einen an Anforderungen selbstbewußter herangehen, denn wer im Sport wachsende Effizienz spürt, kann diesen Zündfunken auch auf den Alltag überspringen lassen. Auch das Spiel zwischen Spannung und Entspannung fällt leichter – man erlebt es ja beim Bewegen „am eigenen Leib". Entspannung und Streß sind – zum Glück für den, der entspannen kann – unvereinbare Gegenpole. Bewegung und Fitneßtraining führen schon deshalb zu Entspannung, weil Sie in der Konzentration auf die Bewegung, die Sie jetzt ausüben, auf einer Zeitinsel sind, eine Gegenwelt erleben, Abstand zu den Alltagsproblemen gewinnen und diese danach anders, vielleicht gelassener sehen können.

3 REGENERATION – SCHLEUSEN UND GEGENWELT

Schleusen

Mit einem Zahnarzt unterhielt ich mich über Streß und berufliche Anspannung und Beanspruchung. Er erzählte mir, es ginge ihm in dieser Hinsicht heute bedeutend besser als früher, er arbeite inzwischen mit einer anderen Einstellung und erlebe sich entschieden entspannter als früher. Was war passiert?

Früher, so berichtete er, habe er in dem Haus, in dem seine Praxis lag, auch gewohnt. Inzwischen sei er umgezogen und fahre jeden Morgen eine Viertelstunde mit dem Rad zur Praxis und abends zurück. Das sei eigentlich der ganze Unterschied zu früher. Es habe aber enorme Auswirkungen. Wenn er morgens in seine Praxis komme, sei er gut eingestellt, habe sich mental von zu Hause gelöst und sei nun für seinen anstrengenden Beruf im Kopf frei. Abends gingen ihm auf dem Heimweg noch allerlei Gedanken über den Ablauf des Tages durch den Kopf, die er dann beim Radfahren in frischer Luft sortieren könne. Erstaunlicherweise ordneten sie sich aber nicht selten wie von selbst. Wenn er dann zu Hause angekommen sei, sei die innere Ablösung vom Beruf ins Privatleben wieder vollendet, er habe einen klaren Kopf und könne sich voll um „Familie und Hund und Katz'" kümmern, wie er es ausdrückte.

Von einem Eishockey-Trainer der 1. Liga weiß ich, daß er in jeder Drittelpause die Halle verläßt, sie ein- oder zweimal in aller Ruhe umrundet und erst dann zu seiner Mannschaft in die Kabine geht.

So unterschiedlich die zwei Geschichten, betrachtet man das Metier, in dem sie spielen, auch sein mögen, haben sie doch einen gemeinsamen Kern: Es geht um hohe Beanspruchungen und deren Nachwirkungen und darum, wie die Beanspruchten damit umgehen. Sie nehmen zwischen zwei Beanspruchungen – im Falle des Zahnarztes die Zeit zwischen der Arbeit in der Praxis und den Anforderungen des Familienlebens, im Falle des Trainers die Pausenzeit zwischen zwei Spieldritteln – gewissermaßen eine Auszeit. Sie gehen in der relativ kurzen Zeit zwischen Beanspruchungen in eine **Schleuse**.

Der Begriff der Schleuse ist hier meiner Ansicht nach recht treffend: Eine Schleuse ist ein Raum zwischen zwei Systemen. Sie erleichtert, ja ermöglicht erst Übergänge vom einen zum anderen. Zwischen langen Flußabschnitten etwa muß ein Schiff manchmal in eine Schleuse, um unterschiedliche Wasserstände vor und hinter der Schleuse besser bewältigen zu können. In Krankenhäusern begibt man sich in Schleusen, um vom unsterilen Bereich in den sterilen zu kommen. Kernkraftwerke, U-Boote, Raumstationen und viele andere technische Systeme sind ohne Schleusen nicht zu betreiben.

Wenn eine Schleuse ein nützlicher systemischer Zwischenraum ist, wird er doch auch zum passenden Ort für Sie. Es gilt, ihn zu einem Freiraum auszubauen. Sie nutzen ihn, um unterschiedliche Beanspruchungen vor und hinter der Schleuse bewältigen zu können. Gehen Sie an den Gedanken der Schleusen ebenso heran wie an den der Gegenwelt: Dieser Zwischenraum gehört Ihnen. Nur Ihnen.

Der Tag, ein Fluß mit Schleusen

Ein Tagesablauf ist voll von Beanspruchungen, die in Zeitfolge ablaufen und jeweils ihre speziellen mehr oder weniger intensiven Nachwirkungen haben. Ein Alltagsbeispiel soll diese Nachwirkungen verdeutlichen: Jeder von Ihnen hat sich schon einmal während eines ärgerlichen Telefongesprächs aufgeregt und dann den Hörer aufgelegt, vielleicht sogar aufgeknallt. Sie mußten dann erfahren, daß das Gespräch zwar beendet war, nicht jedoch dessen mentale Nachwirkzeit. Verärgert und aufgewühlt sitzen Sie da und starren vor sich hin. Sie befinden sich in einem anderen Zustand als vor dem Telefongespräch. Weil die Beanspruchung durch dieses Telefongespräch einen so starken mentalen Nachlauf-Effekt hat, müssen Sie sich nun für ein zweites Telefongespräch, das Sie aus Termingründen vielleicht jetzt sofort führen und bei dem Sie ruhig, gut gestimmt, geduldig und nachsichtig sein müssen, richtig zusammennehmen.

Durch diese Nachlauf-Effekte übernimmt man die Wirkungen der vorangegangenen Beanspruchung bei unmittelbaren zeitlichen Übergängen in eine neue Beanspruchung und belastet diese damit. Die nachfolgende Beanspruchung hat dadurch Zusatzbeanspruchungen, es muß erheblich mehr Energie für die Bewältigung aufgewandt werden. Wenn das den Tag über mit seinen vielen und vielfältigen Beanspru-

3 Regeneration – Schleusen und Gegenwelt
161

chungen so geht, heißt die Perspektive der stetig akkumulierenden Beanspruchung für Sie: Aufregung, Ermüdung, Monotonie, Genervtsein, Sättigung, Erschöpfung. Schnell fällt man hier, um die ansteigende Kurve dieser negativen Auswirkungen zu blockieren, in alte Muster zurück und versucht mit gesteigertem Einsatz zu kompensieren, bildlich gesprochen mit dem Druck aufs Gaspedal diesen Auswirkungen gewissermaßen davonzufahren. Es geht ja auch gar nicht anders: Ist durch erhöhten Streß der Wirkungsgrad in der Nutzung Ihrer Ressourcen gesunken, versuchen Sie ein Schwungrad mit gesteigertem Energieeinsatz in Gang zu halten. Bis Sie sich irgendwann hektisch wie der Hamster im Laufrad fühlen.

Nach Beanspruchungen eine Schleuse einzubauen, ist für das Selbstmanagement eine Möglichkeit, seine Ressourcen achtsam zu nutzen. Man schaltet zwischen zwei Beanspruchungen eine Situation ein, die allein dazu dient, Nachwirkungen vorausgegangener Beanspruchungen so zu moderieren, daß sie den Übergang in die nächste erleichtern. Ein Kaffee, wenn es sein muß eine Zigarette, der Blick aus dem Fenster, Blättern in einer Zeitung sind solche Schleusen.

Sie können ganz unterschiedliche Funktionen haben: Eine **Retrospektionsfunktion** – man läßt sich noch einmal durch den Kopf gehen, was war; aber auch eine **Regenerationsfunktion** – man erholt sich von dem, was war. Die **Regulationsfunktion** von Schleusen hilft, sich und sein Handeln wieder zielbezogen zu steuern, es wieder in den Griff zu bekommen. Manches ergibt sich dabei auch von allein, das ist dann die **Bewältigungsfunktion**, die jeder Schleuse innewohnt. Auf lange Sicht sagt man, die Zeit heile alle Wunden. Bei der **Nischen- oder Pufferfunktion** von Schleusen baut man darauf, daß die Ablenkung, die Beschäftigung mit anderem den Effekt des Vorangegangenen puffert. Und schließlich haben Schleusen eine **Dosierungsfunktion**, das heißt, man beruhigt sich, und dosiert seine Energien danach ökonomischer.

Wie Gedanken auslaufen

Beim Zahnarzt wurde der Radweg zur Praxis und zurück zur Schleuse, beim Eishockey-Trainer der Weg um die Halle. Die Schleuse nach einem an die Nerven gehenden Telefongespräch könnte eine kurze Pause nach dem Gespräch sein, in der Sie versuchen, locker auf und abzugehen, sich innerlich auf Ihre Atmung, auf die Ruhe zu konzentrieren.

Dabei machen Sie das Fenster auf, schauen auf die Straße, hören eine Sequenz Musik, blättern in einer Zeitung, tun einfach etwas, was Ihrer Struktur gemäß ist. Meine Schleuse, so habe ich beobachtet, ist das Zeitunglesen.

Die Zeitausdehnung solcher Schleusen ist sehr unterschiedlich, je nach Situation und nach Funktion der Schleuse. Beim Radrennfahren zum Beispiel hat man beim sogenannten „runden Tritt" während jedes Tritts eine winzige Schleuse, einen Sekundenbruchteil Entspannung, Erholung für die jeweils antagonistischen Muskeln. Beim Tennisspielen schafft man sich die Schleuse durch eine Schlägerführung, die nicht permanent angespannt ist, sondern im Bewegungsablauf auch eine entspannte Phase aufweist. Schleusen sind das mehrmalige tiefe Durchatmen, das Fünf-Minuten-Nichtstun, sind eine Stunde Pause, gehen in die Gegenwelt über mit einem Tag Ruhe, einem langem Wochenende oder Urlaub.

Stellen Sie sich einen Mann vor, der eilig durch die Wüste wandert und jede Möglichkeit, etwas zu trinken, ablehnt, weil er Zeit sparen will. Nicht sehr intelligent, nicht wahr, so etwas würde doch keiner tun? Deshalb bin ich auch immer wieder so erstaunt, eigentlich recht aufgeklärt wirkende Menschen zu treffen, die den ganzen Tag pausenlos aktiv und beschäftigt sind, die wie wild ihre Schwungräder drehen, in der irrigen Meinung, das Pausemachen koste ja nur Zeit.

Und tatsächlich scheint es vielen geradezu paradox, ihre Schleuse dann zu nutzen, wenn die Beanspruchung am höchsten ist. Aber gerade dann ist der Substanzverlust am höchsten und damit der Regenerationsbedarf besonders begründet.

Nach meiner Überzeugung scheiden sich in solchen Situationen Könner von Dilettanten. Denn das Nutzen von Regenerationsräumen setzt Weitsicht voraus, die der Dilettant nicht hat. Ein Kellner, der sich schnell und eilig bewegt, ist keine gute Kraft. Souveräne Könner leben und arbeiten in zyklischen Beanspruchungslandschaften, die über Schleusen ineinander übergehen. Wer das Herausgehen erst nutzt, wenn die Beanspruchung an die Substanz geht, kommt zu spät. So wie der Radprofi, der während einer schweren Etappe erst ißt, wenn er Hunger verspürt.

Gegenwelt

„Wenn mein Geschäft in einigen Jahren etwas ruhiger wird", so klärte mich vor einiger Zeit ein Geschäftsmann, Mitte vierzig, auf, „kaufe ich mir eine Harley und fahre mit meiner Frau ein halbes Jahr von Alaska nach Feuerland!". Im Moment habe er die Zeit noch nicht, er sei halt noch zu sehr eingespannt, die Bank, die Mitbewerber, die Kostenentwicklung – Sie verstehen schon. Meine Antwort war: „Lieber zweimal in der Woche mit dem Fahrrad die zehn Kilometer von Dossenheim nach Weinheim und zurück als ein Leben lang Träume vom ganz großen Fluchtversuch!"

Träume sind gut und wichtig. Sie sind Schaufenster ins Jenseits unseres Horizonts. Die Botschaft dieser Geschichte taucht in allen möglichen Szenarien immer wieder auf. Sie hat zwei Kernpunkte:

Zum einen scheint es für beruflich Beanspruchte ein steter und latenter Wunsch einmal so richtig auszusteigen! „Wenn ich erst einmal pensioniert bin!" So oder so ähnlich fangen solche Geschichten meistens an. Nach der Pensionierung und der Überwindung des Pensionsschocks regelt sich's dann für die meisten ziemlich schnell und häufig auf einem Routineniveau ein. Gemütlich frühstücken, Zeitunglesen, Spazierengehen. Ferne Welt, Traum ade.

Der zweite Kernpunkt: Es kann nicht kühn und aufwendig genug sein, was man sich da für später vornimmt! Für jemanden, der nicht Motorrad fährt, gleich Langstrecke per Harley, gleich ein halbes Jahr, gleich auch noch Südamerika.

Beide Kernpunkte spannen einen alternativen Lebensweltentwurf auf, der aber, um nicht von vornherein zum Scheitern verurteilt zu sein, zumindest in Ansätzen in die Alltagswelt integriert sein muß. Jetzt. Er ist viel zu wichtig für unser Überleben, als daß er nur ins Land der Träume und Zukunftsphantasien verlagert werden dürfte. Er fungiert als **Gegenwelt**, bedeutsam für das Aufbrechen von Routinen der Alltags- und Berufswelt. Diese Wirkungen entfalten sich aber erst, wenn man Gegenwelt in seinen Alltag integriert. Nicht *einmal* im Leben, sondern dreimal die Woche! Lebensqualität ist kein Mengenproblem. Gegenwelt hebt sich ab von den Kriterien und Merkmalen der Berufswelt (Abbildung 25). Sie ist anders.

Die Gegenwelt lebt von der Lust und der Freude am Tun. **Prozeßorientierung** ist das Erlebnis; nicht das Produktziel steht im Vordergrund, sind die Erfahrung **emotional begründeten Handelns** und die der vollen **Selbstbestimmung** – ich selbst entscheide hier und jetzt über mein Tun und Lassen, nicht andere oder anderes. Nur ohne Zeitkontrolle entsteht **Muße** als die Kunst, sich selbst ein guter Unterhalter zu sein. Die Berufswelt lebt von der Lösung der Muß-Probleme, die Gegenwelt befaßt sich mit Kann- und Soll-Problemen. Man *kann* etwas tun, kann es aber auch lassen. Dasein in der Gegenwelt lebt von **Freiwilligkeit**, also der höchsten menschlichen Freiheit: nein zu sagen.

Prozeßorientierung	–	Produktorientierung
Begründung emotional	–	Begründung rational
Selbstbestimmung	–	Fremdbestimmung
Muße	–	Zeitkontrolle
Freiwilligkeit	–	Verpflichtung

Abbildung 25: Kriterien der Gegenwelt (links) als regenerative Alternative zur Berufswelt (rechts).

Berufswelt

Berufswelt ist immer **produktorientiert**, es geht um das Herstellen eines Produkts, das Erbringen einer Leistung, wie immer man diese auch definieren mag. Dieses Produkt oder diese Leistung muß einen Mehrwert erbringen. Davon leben wir, alle, auch diejenigen, die meinen, das sei zu einseitig oder zu hart gesehen, und diejenigen, die solch einen Mehrwert nicht erwirtschaften: Arbeitslose, Alte, Kranke, Kinder. Den einen hilft Nachdenken, letzteren die Solidargemeinschaft.

Eine zweite Bedingung unserer Berufswelt ist die allgegenwärtige Notwendigkeit der **rationalen Begründung** unseres Tuns, beispielsweise um einen Preis zu rechtfertigen, einen Termin oder eine Verfahrensweise. Man begründet nach den Regeln seines Handwerks; das müssen Chirurgen wie Automechaniker, Lehrer wie Taxifahrer, Manager wie Fließbandarbeiter.

3 Regeneration – Schleusen und Gegenwelt   165

Beanspruchend im Beruflichen ist weiterhin die stetig präsente **Fremd-bestimmung**. Verkäufer richten sich nach Käufern, Lieferanten nach Kunden, Anwälte nach Mandanten. Vieles im Beruf beansprucht einen, weil die Forderungen anderer eigene Handlungsfreiheit und -optionen einschränken.

Die Berufswelt steht schließlich unter ständiger Kuratel der **Zeitkontrolle**. Termine, Planungszeiträume, Produktions- und Entwicklungszeiten, Zeitwerte und Abschreibungen oder Standzeiten sind Orientierungsrichtlinien.

Schließlich unterwerfen wir uns beruflichen Anforderungen im Prinzip deshalb, weil wir dazu eine **Verpflichtung** haben, sei es zum eigenen Broterwerb, was die Regel sein dürfte, oder weil wir eine höhere Verpflichtung erleben, vielleicht wie ein Künstler oder ein Philosoph, Wissenschaftler oder Arzt.

Eines der vielbeklagten Probleme ist, daß diese Berufswelt mit den geschilderten fünf Kriterien im Extrem bis zum burn-out-Syndrom auslaugt. Das Bedürfnis, etwas anderes zu hören, zu sehen und zu tun, wächst. Und damit das Bedürfnis, sich zu regenerieren.

Die Freizeit-Falle

Viele halten dem entgegen, man tue in der Freizeit durchaus etwas, sei sogar stark freizeitorientiert. „Sie müssen mal in meine Garage schauen, da bringe ich vor lauter Sport- und Freizeitgeräten mein Auto kaum mehr rein." Das ist der Einstieg in die Freizeit-Falle, in die vor allem Vierzig- bis Fünfzigjährige Gefahr laufen hineinzutappen. „Zwanzig Jahre vierzig durch Sport" hat man gehört und kauft sich die Golfausrüstung, das Titan-Mountain-Bike, ein Rennrad dazu, Surfbrett, Laufschuhe, In-line-skates und den computergesteuerten Hometrainer, Stoppuhr und Herzfrequenz-Meßgerät nicht zu vergessen. Beim Golf ärgert man sich über das bessere Handicap des Mitspielers im flight, beim Radfahren zählen Minuten und Höhenmeter, beim Joggen Sekunden und Kilometer, und man kasteit sich mit Fragen, ob der Tennisschläger des Doppelpartners nicht doch aus besserem Material bestehe als der eigene. Man träumt vom Marathon, noch besser wäre der Iron-Man-Triathlon auf Hawaii, aber ob man den noch packt?

Eine regenerative Gegenwelt kann und soll nicht nach den Kriterien funktionieren, mit denen wir im alltäglichen Berufsleben konfrontiert sind. Sie soll diese in ihren Anforderungen und Kriterien nicht duplizieren. Das gilt nicht nur für den Sport: Man kann ihn auch nur dann mit Spaß treiben und als erholsamen, also regenerativen Gegenpart zur Leistungswelt empfinden, wenn man nicht *nur* fordert, sondern sich *auch* genußvoll treiben lassen kann, Bewegungen genießt, Körperleistung und Körperrhythmus erfährt, wie man sie in der angespannten Berufswelt gar nicht kennt. Ich rede hier nicht von Leistungssportlern, bei denen der Wettkampf quasi auf der Seite der Berufswelt angesiedelt ist – wenn auch gerade diese Sportler intensive Gegenwelt-Erfahrungen brauchen.

Im Beruf müssen Sie fast immer und sehr stringent Ziele verfolgen, wie unangenehm und beanspruchend der Weg zu diesen Zielen manchmal auch sein mag. Die Gegenwelt ist eine Chance, sich eine andere Welt, einen alternativen Lebensentwurf aufzubauen. Hier gelten andere Regeln. Nicht das Ziel bestimmt das Tun, egal wie lästig der Weg dahin ist – sondern der Weg ist das Ziel. Es geht in der Gegenwelt nicht um das, *was* Sie tun, sondern *wie* Sie es tun.

Gurken und Tomaten

Gegenwelten lassen sich in unzähligen Handlungsfeldern aufbauen: Musizieren, Theaterspielen, Schach, Lesen oder was auch immer. Zur Not halt auch Sport. Auch Gärtnern zum Beispiel kann eine ganz besonders entspannende Gegenwelt-Situation schaffen. Man sollte es nur nicht so betreiben wie ein netter Kollege von mir, der sich nach Jahren seinen Jugendtraum nach einem eigenen Gewächshaus im Garten erfüllt hatte. Er war dann noch gestreßter als zuvor. Wie seine Frau mitteilte, züchtete er Gurken und Tomaten nach EU-Norm.

Wer seine Gegenwelt als wichtigen Bestandteil in sein Leben einbaut, regeniert viel schneller und kann in Leistungszeiten wieder auf erstarkte Ressourcen zurückgreifen. Dazu bringt die Gegenwelt, die anders „funktioniert" (Abbildung 25), Stärken in Ihnen hervor, die Sie vorher gar nicht entdeckt hatten. Die Begründung für das Tun in der Gegenwelt erfolgt emotional, gewissermaßen aus dem Bauch. Sie sagen nicht mehr, „das muß ich tun", sondern „das gönne ich mir".

3 Regeneration – Schleusen und Gegenwelt 167

Im Prinzip entdeckt jeder seine Gegenwelt. Irgendwann – das ist das Problem dabei. Leistungswelt und Gegenwelt sollten nicht in zwei großen Lebensblöcken nacheinander gelebt werden, weil sie sich, wie das Einschwingen und Ausschwingen einer Kirchturmglocke, gegenseitig bedingen, wenn Energien, Ressourcen optimal eingesetzt werden sollen. Stellen Sie sich vor, man würde die Glocke bei jedem Zurückschwingen in der Senkrechten mit aller Kraft abbremsen und dann mit größtem Krafteinsatz zurückstoßen – man bräuchte das Vielfache der Energie des lockeren Hin- und Herschwingens. Zwei Pole braucht der Mensch, um in seiner Mitte zu sein.

Oft läuft es aber gerade bei beruflich Erfolgreichen so, daß sie erst im Alter, Jahrzehnte nach einseitiger Orientierung an ihrer Leistungswelt, die Gegenwelt entdecken. Da reicht es dann körperlich in vielen Fällen nur noch zum Rosenzüchten. Erstens aus Altersgründen und zweitens, weil höchstwahrscheinlich durch die einseitige Lebensweise in permanenter Streßsituation das biologische Alter dem chronologischen längst den Rang abgelaufen hat. Wer seine Gegenwelt nicht als dynamischen Gegenpol lebt, verschenkt Lebensqualität: Erst durch die harmonische Ausgeglichenheit der beiden Waagschalen Berufswelt und Gegenwelt wird sich in der Mitte der Ruhepol entwickeln, um den sich körperliche und mentale Gesundheit entwickeln kann.

DER AUTOR

Hans Eberspächer, promovierter Diplom-Psychologe und Diplom-Sportlehrer, ist Professor für Sportwissenschaft an der Universität Heidelberg. Mit seinen Arbeitsschwerpunkten in der Beanspruchungs- und Regenerationsforschung sowie im Mentalen Training ist er vor allem im Hochleistungssport wissenschaftlich ausgewiesen und bekannt geworden. Er verfügt hier über langjährige Erfahrung in der mentalen Betreuung, Beratung und im Coaching von Spitzenathleten und Nationalmannschaften (z. B. alpine Ski-Nationalmannschaft) während der Vorbereitung auf Weltmeisterschaften und Olympische Spiele. Seine Ideen und Modelle finden sich auch in Konzepten der Führung und Personalentwicklung von Unternehmen.

Hans Eberspächer ist Autor und Herausgeber von 13 Monographien, u. a.:
- Streßausgleich und Entspannung durch Bewegung, 3. Aufl., 1990
- Handlexikon Sportwissenschaft, 2. Aufl., 1992
- Sportpsychologie, 5. Aufl. 1994
- Mentales Training, 4. Aufl. 1995.